W0170878

HALLO JAPAN

日本 Lucinde Hutzenlaub

HALLO JAPAN

Familie HUTZENLAUB WANDERT AUS.

Eden
BOOKS

Für die vielen Opfer, selbstlosen Helfer und tapferen Helden nach dem schweren Erdbeben am 11. März 2011.

INHALTSVERZEICHNIS

TSCHÜSS, DEUTSCHLAND!

Ich kann nicht schlafen, weil ich weiß, dass ich in drei Stunden aufstehen muss. Typisch. Ich werde dem größten Abenteuer, das sich unserer sechsköpfigen Familie je geboten hat, übernächtigt und mit Augenringen gegenübertreten.

Japan. Drei Jahre. Zwei Erwachsene, vier Kinder: mein Mann Holger, Paulina, Maria, Lilli, William und ich. Ich finde die Aussicht großartig, eine Weile im Ausland zu leben. Ich habe während meines Studiums in Spanien und den USA gelebt und seitdem immer gehofft, dass sich irgendwann wieder so eine Gelegenheit bietet. Lilli und Maria sind acht und zehn Jahre alt und finden es super, endlich mal in den Sommerferien weiter weg zu reisen als ihre Klassenkameraden. Über die Dauer ihrer Reise machen sie sich bisher keinen Kopf, eher darüber, was wohl für Filme im Flugzeug gezeigt werden. Der zweijährige William ist zufrieden, wenn er mit uns zusammen ist und es genug zu essen gibt. Am liebsten Kuchen. Nur Paulina fällt die Trennung von Deutschland schwer. Da sie bisher auf die Waldorfschule ging, hat sie Angst vor dem, was sie jetzt in der deutschen Schule in Yokohama erwartet. Sie war seit der ersten Klasse immer mit den gleichen Kindern und Lehrern zusammen. Für eine Dreizehnjährige ist so ein Wechsel sicherlich am schwierigsten und sie ist sehr still auf dem Weg zum Flughafen, was bei Marias und Lillis aufgeregtem Geplapper kaum auffällt. Selbstverständlich bin ich *allein* mit den Kindern unterwegs.

Holgers Job, der uns dieses Abenteuer beschert hat, hat bereits im Januar in Tokio angefangen. Für einen großen deutschen Automobilhersteller soll er drei Jahre lang das Design-Studio in Tokio leiten. Er ist bereits dort; ich dagegen wollte mit den Kindern bis zum Schuljahresende in Deutschland bleiben. Hier, wo plötzlich alles so unkompliziert und schön ist, dass ich am liebsten bleiben würde. Ich selbst bin 39. Mutter, Hausfrau, Grafikerin, Heilpraktikerin und Autorin. Was mich in Japan erwartet, weiß ich nicht. Allerdings rechne ich damit, dass mich die Kinder und das Leben dort so beschäftigen werden, dass ich mir keine Gedanken darüber machen muss, ob und welchen meiner Berufe ich in dieser Zeit ausüben soll.

Mein Bezug zu Asien im Allgemeinen und Japan im Besonderen ist gering. Um genau zu sein habe ich keinen. Ich habe noch nicht mal eine Meinung. Natürlich freue ich mich sehr auf dieses Abenteuer, aber ein wenig unheimlich ist es mir schon. Wir sind in einem »Going-Global«-Kurs auf unseren Auslandsaufenthalt vorbereitet worden. Man hat uns ans Herz gelegt, solch grandiose Japan-Spielfilme wie *Lost in Translation* oder *Kirschblüten – Hanami* anzuschauen. Hab ich. Ich habe die Informationen auf mein Leben übertragen und weiß jetzt wenigstens, dass »japanisch« nicht zu Unrecht aus »ja« und »panisch« besteht.

Wir werden nichts lesen können, verloren gehen, uns aus japanischer Sicht total danebenbenehmen und von einem Chaos ins nächste stolpern, das ist gewiss. Ich bin nervös und aufgeregt und wünsche mir jemanden an meine Seite, der sagt, dass alles gut wird. Meine Kinder dagegen sind sorglos und fröhlich. Sie nehmen die Dinge so, wie sie sind, und finden alles spannend. Ich bin erwachsen, nehme alles ernst und weiß schon vorher, was passieren *könnte*. Erwachsensein ist der Feind der entspannten Vorfreude.

Dabei ist ein Langstreckenflug mit vier Kindern erstaunlicherweise unproblematisch. Mit meinen Kindern zumindest. Um ehrlich zu sein, sind die *Kinder* wahrlich nicht das Problem. Eigentlich verursache ich den meisten Stress wie immer selbst, denn ich bin es, die noch kurz im Duty-free-Shop eine neue Uhr kaufen will. Meine alte hat mein Sohn William gestern vom Waschtisch geklaut und dann unauffindbar versteckt. In Tokio wird es garantiert keine europäertauglichen Uhren zu kaufen geben, denn es ist ja immer alles auf Japanisch. Bestimmt auch die Zahlen. Deshalb brauche ich also jetzt eine Uhr und zwar schnell, denn wir sind spät dran. Das liegt daran, dass ich noch den Kinderwagen wieder zusammenbauen musste, den die Sicherheitsbeamten in diverse Einzelteile zerlegt hatten, um ihn durch ihr handtaschengroßes Röntgengerät zu bekommen. Schließlich weiß man ja nie, was eine Frau mit vier Kindern am Rande eines Nervenzusammenbruchs auf dem Weg nach Tokio noch kurz vorher im Kinderwagen-Gestänge verstaut hat. Währenddessen wurde meine zehnjährige Tochter Maria eine ganze Weile lang auf der Wache festgehalten, weil sie »verdächtiges Spielzeug« dabeihatte. Ich kaufe im Duty-free-Shop eine Uhr, die uns noch zwanzig Minuten gibt, zum Gate zu gelangen. Als wir endlich dort sind, haben wir noch exakt sieben Minuten bis zum Abflug. Sagt die Uhr an der Wand. Meine neue Uhr sagt gar nichts. Ich sprinte zurück zum Duty-free-Shop, tausche die Uhr um und kaufe schnell ein Deo, das ich, so der Verkäufer, aber erst am Zielort aus der zugeklebten Tüte nehmen darf. *Er* muss ja auch nicht neben mir sitzen.

Meine Kinder stehen verwaist am Gate, als ich drei Minuten vor Abflug der etwas entnervt schauenden Stewardess unsere Tickets in die Hand drücke. Egal, Hauptsache, wir sind komplett. Achtung durchzählen: William, Lilli, Maria, Paulina? Check! Mama? Check! Gültige Pässe von allen samt Visa und Bordkarten? Check! Uhr? Check! Einen Champagner bitte für die Dame in Reihe 23. Das bin ich. Und ja, danke, ich behalte auch gern die ganze Flasche.

Leider ist das Unterhaltungsprogramm zu gut für meinen hehren Vorsatz, die Strecke Frankfurt-Tokio mit maximal zwei Filmen zu überstehen. Aber die Frage ist ja sowieso: Will ich elf Stunden Bücher vorlesen? Mensch-ärgere-dich-nicht mit unvollständigen Spielfiguren spielen? Erklären, warum das Flugzeug gerade so komische Geräusche macht und ob und woran man merkt, wann man abstürzt, und ob das die echten Haare von dem Mann vor uns sind? Die Antwort ist: »Äh, *nein*.«

William schläft von den elf Stunden Flug eine. Den Rest der Zeit verbringt er damit, die Gänge des Flugzeugs auf und ab zu rennen und die Stewardessen und Mitpassagiere zu erfreuen. Das alles in den großen blauen

Polyestersocken, die unsere Airline freundlicherweise jedem Gast zur Verfügung stellt. Polyester-Kurzstrecken-Sprints auf Flugzeugteppich machen aus William im Handumdrehen einen funkelnden Punker-Schlumpf mit Riesenfüßen. Seine Haare stehen zu Berge und er knistert bei jedem Schritt.

Nach der Ankunft in Tokio muss man den kompletten Flughafen durchqueren. Der erschöpfte Reisende kann das bequem mithilfe von Förderbändern tun – es sei denn, er hat einen deutschen Kinderwagen dabei. Die sind im Vergleich zu den asiatischen Modellen wesentlich breiter und passen deshalb auch nicht auf das Förderband. Deutsche Mütter sind daran erkennbar, dass sie als Einzige nebenherlaufen, während ihre bereits lauffähigen Kinder mit den Worten »Guck mal Mama, ich bin viel schneller als du!« im Gewusel verschwinden. An der nächsten Passkontrolle finde ich meine Kinder entgegen jeder Erwartung ganz einfach wieder, denn unter siebenhundert dunklen Köpfen sind drei mittelblonde doch recht leicht auszumachen. Außerdem ist selbst Lilli mit ihren acht Jahren größer als der erwachsene Durchschnittsjapaner.

Als ich mich durch die wartende Menge am Gepäckband dränge, sage ich zum ersten Mal das Wort, das ich von nun an gefühlte tausend Mal am Tag sagen werde: »Sumimasen!« Entschuldigung! Das habe ich vorher auswendig gelernt, weil ich gehört habe, dass man sich in Japan gar nicht oft genug entschuldigen kann. Trotzdem spüre ich leichte Missbilligung. Liegt es an meiner Aussprache?

Ich bin durchaus froh, Holger hinter der Absperrung zu sehen. Noch mehr hätte ich mich allerdings darüber gefreut, wenn die Kinder nicht einfach alles stehen und liegen gelassen hätten, um auf ihn zuzurennen. Und am Allertollsten hätte ich es gefunden, wenn sie mir geholfen hätten, einen unserer vier Gepäckwagen oder den Kinderwagen samt schlafendem William nach draußen zu befördern. Aber ich bin ja Mutter und im passenden Moment wachsen mir bestimmt auch noch ein paar zusätzliche Arme. »Geht schon, danke«, ist in Japan übrigens nicht die richtige Antwort, wenn man einem grimmigen Flughafen-Polizisten mit leuchtendem Darth-Vader-Stab ans Schienbein fährt. Auch »Ich habe Sie leider übersehen, weil Sie kleiner sind als der Kofferberg auf meinem Wagen« geht gar nicht. Dafür: »Sumimasen! Sumimasen! Sumimasen!«

Vor uns liegen noch anderthalb Stunden Autofahrt zu unserem Haus am Stadtrand von Tokio. Es herrschen über achtzig Prozent Luftfeuchtigkeit und ungefähr 35 Grad. Mein Deo liegt in der Duty-free-Tüte im Gepäckfach des Flugzeugs. Der Heimweg quer durch die Stadt lehrt uns: Egal zu welcher Uhrzeit, in Tokio dauern sechs Kilometer mindestens zwei Stunden. Zwei Stunden auf kurvenreichen, dreistöckigen Stadtautobahnen, die quasi direkt durch japanische Wohnzimmer führen. Japanische Familien wohnen teilweise so nah an der Autobahn, dass sie mit ausgestrecktem Arm die Fahrbahnabsperrung berühren können, und das im fünften Stock. Das ist für uns unvorstellbar!

Unser Haus ist toll. Für japanische Verhältnisse ist es sehr groß und hell. In fast allen Häusern, die Holger und ich bei unserem Vorbereitungsbesuch im April angeschaut haben, kam gleich nach dem Schuheausziehen (ganz wichtig!) der Griff zum Lichtschalter. Auch wenn es draußen Sonnenschein und strahlend blauen Himmel gibt, ist es drinnen novemberdunkel. Wahrscheinlich haben alle Angst, dass sie von der Lichteinstrahlung braun werden könnten, und richten deshalb die Fenster immer nach Norden aus. Außerdem stehen die meisten Häuser so dicht an dicht, dass man das Nachbarhaus durchs Fenster berühren kann. Ausländer wohnen meistens in »Compounds« – Ansammlungen von größeren Häusern mit Gärten, die mit mehr Fenstern und Abstand zum Nachbarn ausgestattet sind. Gern befinden sie sich in der Nähe von internationalen Schulen oder im Denenchofu-Viertel, in dem besonders viele deutsche Familien wohnen. Wir nicht. Wir haben im April ein einziges Haus gefunden, das groß genug für eine Familie mit vier Kindern ist. Es steht in Setagaya, einem Randbezirk von Tokio sehr nah am Tamagawa-Fluss, der die Städte Kawasaki und Yokohama von Tokio trennt. Hört sich das nicht großartig, fremd und spannend an? Das Haus ist eines von sechzehn, die um einen Gemeinschaftsgarten herum angelegt sind. Jedes hat noch zusätzlich ein eigenes Holzdeck und einen kleinen Garten. Nicht alle Häuser sind bewohnt, aber als wir ankommen, werden wir gleich von einer Kinderschar begrüßt. Deutsche, indische, kanadische, isländische, argentinische und – Überraschung – japanische

Kinder jeden Alters. William, Lilli, Maria und Paulina nötigen uns, anzuhalten und sie rauszulassen. Sie verschwinden in der Gruppe und mir fällt ein Stein vom Herzen. Freunde zurückzulassen ist nicht einfach, vor allem wenn man nicht weiß, ob man in der Fremde neue finden wird.

Während wir unser Gepäck ausladen, kommt eine Nachbarin herüber. Sie stellt sich als Katrin vor, kommt aus Hamburg und wohnt seit sechzehn Jahren mit ihrem Mann Nikolaus und ihren vier Kindern Friedi, Philippa, Sophie und Konstantin hier. »Kaffee?«, fragt sie und ich weiß, auch ich werde mich hier wohlfühlen.

Aber damit ist dieser Tag noch lange nicht vorüber. Holger hat mich gleich am Nachmittag mit Andrea zum Beantragen meiner Aufenthaltsgenehmigung verabredet. Andrea betreut hilflose Ausländer wie mich bei Behördengängen. Selbstverständlich kann sie perfekt Japanisch schreiben, lesen und sprechen. UND sie ist nett. Ja, ich gebe zu, ich möchte sehr gern ihre Hand halten, weil, was mache ich, wenn ich Andrea im Gewühl verliere?

Auf dem Amt gibt es für alles Regeln: hier reingehen, da nicht anfassen, da verbeugen, da hineinschreiben, aber nicht drüber hinaus, und die Kinder der Altersreihenfolge nach. Eine halbe Stunde warten, denn so lange muss es einfach dauern, bis man siebzigmal »Sumimasen« oder wahlweise »Arigato gozeimasu« (»Danke«) gesagt hat. Bloß niemandem die Hand geben. Immer lächeln. Nicht schwitzen. Auf keinen Fall die Nase putzen. Regeln beachten und verstehen, obwohl alles in Kanji, Katakana oder der dritten japanischen Schrift, von der ich noch nicht mal mehr weiß, wie sie heißt, geschrieben ist.

Willkommen in Japan!

HEFTE, NACHTWÄCHTER UND ALLTAG, SCHON FAST

Paulina, Maria und Lilli gehen von nun an auf die DSTY, die Deutsche Schule Tokio/Yokohama. Für ihren ersten Schultag brauchen sie Schulhefte, was ja im Prinzip nichts Außergewöhnliches ist, aber insofern schwierig, als dass diese Hefte auf gar keinen Fall irgendwie japanisch sein dürfen. Japanische Schulhefte sind fast quadratisch, unliniert und gehen von hinten nach vorne. Aber deutsche Schulhefte in Japan zu erwerben steht auf der langen Liste der von vornherein unmöglichen Aktionen ganz oben. Gleich unter Laugenbrezeln frühstücken, kurz mal irgendwohin fahren oder nach Hause zurückfinden. Holger und ich geben dennoch nicht auf und fahren in einen Hundert-Yen-Shop, die japanische Version des Ein-Euro-Ladens. Es gibt dort einfach alles. Wir sprechen hier nicht nur von Schulmaterial, sondern auch von Hundefutter, Keksen und Babynahrung. Alles in einer etwas besseren Qualität als in Deutschland, aber dafür mit viel mehr Glitzer.

Bei der Einfahrt ins Parkhaus werden wir persönlich von einem Parkhauswächter mit Mikrofon begrüßt und liebevoll, aber bestimmt auf den rechten Weg gewiesen. Mit viel Elan schwingt er in typisch japanischer Gestik seinen blinkenden Darth-Vader-Stab wahlweise halbkreisförmig, wenn man fahren darf, oder diagonal, wenn man besser stehen bleiben sollte. Lautmalerisch ist das Ganze unterlegt von einem Singsang, der sicher irgendeine Bedeutung hat, mich aber vor allem stark an die Eurythmie-Stunden von Paulina erinnert.

Im Shop kaufen wir viele hübsche Dinge: bunte Fächer, Radiergummis in Torten- oder Sushi-Form, Briefpapier mit Miffy-Katzen, Sumoringer-Masken und eine auf Japanisch beschriftete Weltkarte. Was wir nicht kaufen: Folie zum Einbinden der Bücher, Schulhefte und Geodreiecke. Das gibt es nämlich nirgends in Tokio. Ich bin ganz ruhig.

Als wir zu Hause ankommen, ist gerade der Nachtwächter unterwegs. Das ist kaum zu glauben: Da lebt man in einer High-Tech-Metropole wie Tokio, in der nicht nur die Hundert-Yen-Shops glitzern und blinken, und dann läuft jeden Abend ein waschechter Nachtwächter durch die Straße und schlägt auf seine Klanghölzer, um den Leuten zu signalisieren: »Macht eure Feuer aus!« Offensichtlich gibt es hier sogar noch Leute mit einer Feuerstelle unter dem Tisch, eine traditionelle Kochmethode in Japan. Gut, dass sie sowieso fast alles roh essen. Auch der Nachwächter ist mit einem obligatorischen Leuchtstab ausgerüstet. Lilli, die gerade auf dem Weg ins Bett ist, kommt mit uns auf die Terrasse. Sie sieht den rot blinkenden Stab und die rote Warnweste und freut sich: »Mama, schau mal, der Weihnachtsmann!«

Seit die Schule angefangen hat, bin ich unter der Woche tagsüber mit William allein. William ist vermutlich schon immer insgeheim Japaner gewesen, denn er vertilgt zum Mittagessen unglaubliche Mengen Reis, Fisch, Gemüse und Algen. Oder Onigiri, die japanische Version von

Pausenbroten. Das sind gefüllte Reis-Dreiecke mit zehn Zentimeter Kantenlänge. Sie sind gekonnt in einer Plastikfolie verpackt, sodass man erst in der Mitte eine Naht öffnet und dann die beiden Zipfel abzieht. Dabei wickelt sich ein Algenblatt wie von Geisterhand völlig von selbst um den Reis und man kann reinbeißen, ohne mit dem Reis in Berührung zu kommen. Jedenfalls, wenn man das Auspack-System durchschaut hat, was in meinem Fall zwei Onigiris gedauert hat, bei denen ich Folie, Alge und Reis über meinen Schoß verteilt habe. Mein zweijähriger Sohn bot mir seine Hilfe an, aber ich hab ja auch meinen Stolz. Eine weitere Herausforderung bietet das Herausfinden des Inhalts: Am Anfang dachte ich, ich könne mich an der Etikettenfarbe orientieren: rosa gleich Lachs, blau Thunfisch und den Rest trau ich mich sowieso nicht, aber das war ein Irrtum. Offensichtlich hat jeder Laden eine andere Etikettenfarben-Vorliebe – natürlich nur, um mich persönlich zu verwirren. Und es gibt einfach zu viele schreckliche Geschmacksmöglichkeiten. Zum Beispiel salzig-sauer eingelegte Pflaume. Oder Natto, eine fermentierte, Fäden ziehende, schleimige, übel riechende Sojabohnenpampe, die aussieht wie Nasenpopel, bitte um Verzeihung. Manche Leute essen Natto zu allem Überfluss mit Senf.

William dagegen findet alles lecker. Während ich ihm beim Onigiri-Essen zusehe und mich bemühe, meine Fantasie und meinen Magen zu beruhigen, klingelt es an der Tür. Ein netter junger Mann in Uniform steht vor mir. Er lächelt und verbeugt sich mehrfach und erklärt dann sein Kommen. Ziemlich lang und auf Japanisch natürlich. Dann hört er auf zu sprechen und sieht mich erwartungsvoll an. Wir lächeln beide. Ich frage: »Do you speak English?« Er schüttelt den Kopf. In seinen Händen hält er einen Brief und ein Geschenk, das er mir offensichtlich geben will. Aber erst, wenn ich verstanden habe, um was es geht. Das ist eher aussichtslos. Nach mehreren erfolglosen Verständigungsversuchen drückt er mir Brief und Päckchen schließlich einfach in die Hand, zeigt auf ein Haus auf der anderen Straßenseite, verbeugt sich noch einmal und rennt davon. Ich weiß nicht, was ich denken soll. Wollten uns die japanischen Nachbarn von gegenüber zum Einzug etwas schenken oder hat er mir ein Päckchen gegeben, das eigentlich für die Nachbarn bestimmt war? Am nächsten Tag nimmt Holger Päckchen und Brief mit zur Arbeit, um sie übersetzen zu lassen. Wie wir erfahren, kommt das Geschenk von der Baufirma, die gegenüber ein Haus bauen will. Da die Bauarbeiten uns eventuell belästigen könnten, wollten sie sich vorher schon mal mit einer kleinen Aufmerksamkeit (in diesem Fall zwei kleinen Handtüchern) entschuldigen. Wo gibt's denn so was heute noch?

EINKÄUFEN UND VERLORENGEHEN

William hat endlich auch einen Kindergartenplatz, was mich sehr freut und er ziemlich schrecklich findet. Von nun an geht er auf die »Komazawa Park International School«. Kurz KPIS – sprich: Kei pi ei es. Komazawa, weil sie direkt am Komazawa-Park liegt, und international, weil es in jeder Klasse ein paar ausländische Kinder gibt. William ist allerdings der einzige Ausländer in seiner Gruppe.

Auf der KPIS herrscht ein strenges Regiment: Eltern sind angehalten, mit ihren Kindern innerhalb der Einrichtung nur Englisch zu sprechen. Das fördert bestimmt ganz wunderbar das Sprachgefühl, nur kann unser Kind leider kein Englisch und denkt, dass ich beim Durchschreiten des scharf umzäunten Kindergartentores zum Alien mutiere, das in fremden Zungen spricht. Außerdem kann man nicht zweifelsfrei feststellen, ob die japanischen Erzieherinnen Japanisch oder Englisch mit sehr ausgeprägtem Akzent sprechen. Ob es daran liegt, dass sie sowieso meistens einen Mundschutz tragen, um sich selbst oder die Kinder nicht mit Schnupfen, Husten oder gar der Schweinegrippe anzustecken?

Außerdem hat KPIS den Anspruch, ein Waldkindergarten zu sein. Zwar gibt es in Tokio keinen Wald, aber ein Bedürfnis danach und das will befriedigt werden. Also muss ein Waldkindergarten auch nur ansatzweise in der Nähe eines Baumes sein, um sich so nennen zu dürfen. Der Komazawa-Park ist zu neunzig Prozent zugeteert und heißt nur deshalb Park, weil keine Häuser draufstehen, vermute ich. Die Kinder gehen täglich dorthin. Damit sie nicht verloren gehen, hat jedes Kind an einem Karabiner ein Ortungsgerät hängen, das auf den putzigen Namen »Cocosecom« hört. Die Cocosecoms machen es Mister Alex, dem jungen, sehr netten amerikanischen Verwaltungsleiter möglich, verloren gegangene Schüler zu orten und wieder einzusammeln. Nicht, dass bei William da irgendeine Gefahr bestehen würde: Er ist meilenweit der einzige Blonde. Die Kinder dürfen unter gar keinen Umständen ohne Cocosecom im Kindergarten abgegeben werden, denn man weiß ja nie. Zur Ausstattung eines Tokioter Kindergartenkindes gehört auch noch ein Emergency Headcover – ein Erdbeben-Schutzhelm für Kinder. Der sieht wie folgt aus: Man nehme ein Kopfkissen, knicke es in der Mitte, versehe es mit allerlei Klettverschluss-Bändern, Ösen und Druckknöpfen, natürlich einem Namensschild, und die nächste Katastrophe kann kommen. Irgendwie ein seltsames Gefühl, dass das so selbstverständlich dazugehört. Holger hat auch einen Helm bei der Arbeit. William hat sein Kissen. Und wir Mädels? Nichts! Ist da eine Verschwörung im Gange? Sind unsere Köpfe keinen Helm oder wenigstens ein Klettband-Kissen wert?

William hat bereits einen Freund im Kindergarten gefunden, er heißt Ui, auch wenn der ihn erst mal gebissen hat. Ai hat es gesehen. Ich glaube, Ai ist ein Mädchen. Das kann man an den rosa Fellstiefeln erkennen, die sowohl sie als auch ihre Mutter gern tragen. Ich bin darüber sehr froh, denn so kann ich sie ihrer Tochter zuordnen. Wenn nur alle japanischen Mütter so umsichtig wären! Für mein ungeschultes Auge sehen sie alle gleich aus. Mich und William kennen alle, sogar mit Namen. Wir sind die einzigen hundertprozentigen Ausländer, der arme William kann noch nicht mal eine japanische Mutter vorweisen.

Meine ersten freien Stunden verbringe ich mit meinen beiden neuen Lieblingshobbys: Einkaufen und Verlorengehen. Die Nahrungsmittel werden hier oft leider nur in homöopathischen Dosen verkauft. Man kann einen viertel Baby-Kopfsalat, drei Pilze oder vier Cocktailtomaten kaufen. Jeweils einzeln und mehrfach verpackt. Ein Verpackungs-Eldorado. Recycling findet hier übrigens kaum statt. Meine Kinder sind fürs Leben verdorben! Die Japaner sind geschockt, wenn ich vier Packungen à drei Kartoffeln kaufe. Ich kann sehen, dass sie mich unmäßig und riesig finden. Und dick. Ja, dick! Ich bin für japanische Verhältnisse ein Koloss. Vermutlich denken sie, ich esse das alles allein. Ich möchte permanent sagen: »Sumimasen, ich habe vier Kinder! Wenn ich Glück habe, bekomme ich eine halbe Kartoffel ab!« Aber mich versteht ja doch keiner.

Und als ob ich nicht schon auffällig genug wäre, stehle ich auch noch einem alten japanischen Paar den Einkaufswagen. Zuerst merke ich nichts. Sieht ja auf den ersten Blick alles gleich aus, eben tausendmal eingewickelt. Als ich es dann doch merke, bin ich schon im oberen

Stock des OK-Marktes. Ich frage mich gerade, wessen Wagen ich da wohl habe, als mein Blick auf eine ältere japanische Frau fällt, die sich aufgeregt mit dem Zeigefinger an die Nase fasst – ein untrügliches Zeichen für Ratlosigkeit – und hektisch mit ihrem Mann spricht. Ich gehe hin und entschuldige mich mit vielen kleinen, kurzen Verbeugungen, signalisiere »Bleibt stehen!«, indem ich ihnen meine Hände entgegenstrecke (ich hoffe, das ist eine internationale Geste und bedeutet nicht irgendwas Obszönes in Japan) und renne davon, um den Wagen zu holen. Als ich mit ihrem Wagen zurückkomme, sehen sie immer noch geschockt aus. Leider lächeln sie nicht. Ich glaube fast, sie fahren um die Ecke und desinfizieren den Griff. Später sehe ich sie wieder: Er bewacht den Wagen, während sie schnell ein paar Sachen aus den Regalen rafft und sich nie aus dem Blickfeld von Wagen und Mann entfernt. Ich glaube, sie werden nie wieder in den OK-Markt gehen.

Nach diesem Erlebnis muss ich unbedingt joggen. Das habe ich in Deutschland immer zur Beruhigung gemacht, aber hier habe ich mich bisher erst viermal getraut. Dabei laufe ich jedes Mal eine andere Strecke – allerdings nicht mit Absicht. Auch diesmal komme ich zwar immer wieder an Plätzen vorbei, die ich erkenne, aber wo genau ich bin, kann ich beim besten Willen nicht sagen. Was ich weiß, ist, wenn ich immer eine rechts und dann geradeaus und dann wieder rechts und wieder geradeaus gehe, komme ich vermutlich irgendwann an eine große Straße, die ich kenne. Ich kenne genau zwei. Wenn ich eine davon finde, liegt die Chance, dass ich mich in die richtige Richtung bewege, immerhin bei fünfzig Prozent. Und wenn ich es heim schaffe, bin ich richtig stolz. Man sollte allerdings keine festen Termine für hinterher ausmachen. Bisher kam ich noch nie in die Verlegenheit, mich abholen lassen zu müssen – ich hätte auch nicht gewusst, wo – aber zugegebenermaßen kam ich auch nie da raus, wo ich wollte. Immerhin hat mein Hobby den Vorteil, dass es mich immer wieder quer durch den Bezirk führt und ich alles Mögliche entdecke: winzige Gärten mit tollen Steinlaternen, dunkle Schreibwarenläden, geheimnisvolle Gassen, versteckte Tempel und Kombinationen aus Friseur- und Hundesalons, in denen Hund und Besitzerin Frisur und Kleidung aufeinander abstimmen können.

Auf einer meiner beiden Orientierungsstraßen befindet sich die *Castle-Bakery* von Yasuno-San. Die *Castle-Bakery* ist klein, aber berühmt, deshalb finde ich von dort immer nach Hause. Wenn ich sage klein, meine ich sechs Quadratmeter. Backstube inbegriffen. Sind zwei Personen im Laden, kann man die Tür nicht mehr schließen. Holger geht auf seinem Weg zur Arbeit jeden Tag dort vorbei. Und da der Bäcker wenig, aber gute Qualität produziert, kann es sein, dass wir samstags seinen kompletten Croissant-Vorrat (bestehend aus 15 Stück) aufkaufen. Yasuno-San, der Bäcker, und mein Mann sind Fans voneinander. Deswegen bekomme ich immer ein interessantes Extra-Brötchen oder Küchlein mit. Manchmal haben wir Glück und er erklärt, was drin ist. Gern braune

Bohnenpampe, Süßkartoffel, Fisch oder Curry. Leider sagt er es immer auf Japanisch.

Dieses Mal hat Yasuno-San eine große Tüte für mich mit vielen kleinen Tüten drin. Er redet heftig auf mich ein, ich aber kann nur ein Wort erkennen: »Keiki«, also Kuchen. Okay, darauf wäre ich vielleicht auch selbst gekommen, immerhin sind wir beim Bäcker. Aber was soll ich denn jetzt damit? Zu Hause angekommen inspiziere ich den Inhalt: Mehl, Zucker, Butter, ein Ei (Ein Ei! In einer Tüte, einfach so!), Marzipan und eingelegtes gemischtes Obst. Es könnten aber auch Bohnen oder Fisch sein. Da ich ja irgendwo ganz tief drinnen eine versierte schwäbische Hausfrau bin, entsteht in meinem Kopf sofort ein passendes Rezept. Erst schmeiße ich das eingelegte Obst total küchenfeemäßig einfach weg. Ich schäme mich dabei, aber es wollte einfach keiner den undefinierbaren Beutelinhalt testen. Das Mehl schmeckt irgendwie nach Zitrone, aber das kann man wahrscheinlich ignorieren. Da in unserem Haushalt erstaunlicherweise so ein wesentliches Utensil wie eine Kuchenform nicht vorhanden ist, muss ich erst mehrere Supermärkte und Hundert-Yen-Shops anfahren, bis ich eine gefunden habe. Dafür ergattere ich auch noch Zwetschgen und backe einen Zwetschgenkuchen mit Streuseln. Ich bin total stolz, dass am Ende alles außer der Hefe und dem Puderzucker verbraucht ist. Na ja, und dem undefinierbaren Zeug, das ich weggeschmissen habe. Stolz trage ich mein liebevoll gebackenes Küchlein zu Yasuno-San. Er freut sich über die Tüte. Das gehört sich so. Dann schaut er hinein, sieht meinen Kuchen, nimmt ihn raus und riecht dran. Hallo? Ich hab immer bis zu Hause gewartet, bis ich an seinen Curry-Bohnenpampe-Fisch-Brötchen gerochen habe! Wo bleibt das Vertrauen? Dann fragt er: »Keiki des?« Stolz sage ich: »Hai, Keiki des!« Er scheint nicht ganz einverstanden, geht in seine Backstube und kommt mit einem Hochglanzmagazin zurück. Nachdrücklich tippt er auf ein Bild. Darunter steht »Stollen«. Natürlich wird mir jetzt klar, dass die Zutaten nach einem Stollen geschrien haben. Und was mache ich? Ich werfe das Zitronat in den Mülleimer und backe ihm einen Zwetschgenkuchen. Ich habe ihn schwer enttäuscht. Aber behalten will er den Zwetschgen-Keiki trotzdem.

MEER UND MEHR …

In einem Land zu wohnen, das ein Meer ganz außenrum hat, finden die Kinder spektakulär, deshalb führt uns unser erster Ausflug auch direkt an den pazifischen Ozean. Aber der kilometerlange Sandstrand mag auch noch so verführerisch leer sein, die Japaner quetschen sich lieber dicht an dicht auf eine Dreißig-Quadratmeter-Fläche, die mit rot-weiß gestreiftem Plastikband abgesteckt ist. An jeder Ecke befindet sich ein Bademeistertürmchen. Dazwischen stehen vier bis fünf Lautsprecher, die ununterbrochen japanische Top-Hits spielen. Der Sand ist glühend heiß und unfassbar hell, es weht ein ebenso heißer Wind und wir schaffen es kaum in die Absperrung, bevor wir völlig entkräftet niedersinken. Es könnte jetzt fast erholsam sein, denn Holger hat sogar an einen Sonnenschirm gedacht, wären da nicht die japanischen Charts. Dazu nur Folgendes: Entweder man mag sie oder man ist Europäer. Gebadet wird selbstverständlich nur im abgesperrten Bereich. Wir, die kein einziges Schild lesen können, wissen nicht, ob außerhalb Haie, Strömungen oder ähnliche lebensgefährliche Bedrohungen auf uns warten und schließen uns vorsichtshalber dem allgemeinen Badeverhalten an.

Plötzlich eine Durchsage! Alle Menschen verlassen fluchtartig das Wasser und setzen sich sofort auf ihre Handtücher. Die Musik hört auf. Wir erwarten Drama, Lebensgefahr, Erdbeben oder Ähnliches. Es passiert – nichts. Das heißt, doch: Der Bademeister hat Mittagspause.

Und wenn kein Bademeister da ist, wird auch nicht gebadet. Ist ja klar. Wenigstens ist es, abgesehen vom Wellenrauschen, endlich still.

Auf dem Rückweg liegt ein Tempel, den wir uns natürlich auf jeden Fall anschauen müssen: Für die Über-Zwanzigjährigen deswegen, weil Tempel zum japanischen Kulturgut gehören, und für die Unter-Zwanzigjährigen, weil es am Fuße jedes Tempels Buden gibt. Nicht so wie bei uns mit Würstchen und Postkarten, sondern mit Glitzerschnickschnack, Horoskopen und gepresstem Tintenfisch. Der geht so: Drei Frauen stehen hinter drei quadratischen Pressen, die schwerer als sie selbst sind, legen einen Tintenfisch auf die Platte, gießen Teig darauf und pressen, was das Zeug hält. Was dabei rauskommt, ist eine pfannkuchengroße, hauchdünne und durchscheinende Tintenfisch-Oblate. Man kann das Ganze herrlich gegen das Licht halten und den marmorierten Tintenfisch in seiner platten Pracht bewundern. Dann bricht man Stückchen für Stückchen ab und lässt es sich schmecken. Die japanischen Schreinbesucher finden das offensichtlich total lecker und man muss sogar anstehen, wenn man in den Genuss einer Oblate kommen möchte. Ich möchte nicht. Die Kinder finden ihr Eis und als der Blutzuckerspiegel wieder stimmt, können wir endlich den Schrein selbst anschauen. Wir gehen durch ein riesiges, rotes, hölzernes Tor, was auf eine buddhistische Anlage hinweist. Dahinter unterziehen wir uns andächtig dem Reinigungsritual, bei dem man mit einer überdimensional großen Kelle Wasser aus einem Brunnen schöpft, um sich Hände und Gesicht zu waschen. Dabei darf das Wasser aber auf gar keinen Fall wieder in den Brunnen zurückfließen, weil sich sonst die abgewaschene negative Energie vielleicht an den Händen einer anderen Person festbeißt. Maria, Lilli und William sind dazu übergegangen, sich mit dem reinigenden Wasser zu bespritzen. Die Japaner sind viel zu höflich, um irgendwas zu sagen, und die Kinder gehören viel zu eindeutig zu uns, um so zu tun, als ob es nicht unsere wären. Jedenfalls ist das Wasser für die nächsten zweihundert Jahre verseucht, so viel ist klar.

EINE LEICHE!

Ich sitze friedlich in unserem Garten. Das ist im Sommer etwas Besonderes und muss deshalb erwähnt werden, weil es dazu meistens entweder viel zu heiß und feucht ist oder wie aus Kübeln schüttet. Nicht so ein bisschen wie in Deutschland, sondern als ob man eine heiße Dusche voll aufdreht. Den ganzen Sommer lang stürzen sich Millionen fiese Moskitos auf alles, was noch ein wenig Blut in sich trägt, egal, ob es regnet oder die Sonne scheint. Deshalb haben die meisten Japaner wahrscheinlich auch keine Gärten. Im September wird es dann schlagartig kühler und die Moskitos verschwinden. Heute ist der erste Tag, an dem man draußen sein kann, ohne wild um sich zu schlagen. Während ich diesen unglaublichen Luxus auf einem Liegestuhl in der Sonne genieße, höre ich plötzlich einen seltsamen Gesang. Monoton, traurig, aus mehreren Männerkehlen. Maria, die Einzige, die mit mir im Garten ist, geht an den Zaun. Eine Prozession nähert sich. Vorneweg ein Priester in vollem Ornat, dahinter sechs dunkelblau gekleidete Menschen. Sie tragen einen Schrein. Ein Auto überholt vorsichtig, der Asphalt flirrt. Es herrscht eine fast heilige Atmosphäre.

Maria fragt: »Glaubst du, der Priester hat was drunter?«

Ich finde das nicht angemessen und sage: »Maria!«

Ich denke: *Der hat bestimmt nichts drunter.*

Direkt vor unserem Haus dreht die Prozession auf das brachliegende Grundstück ab. Eine blaue Plane liegt auf dem Boden.

Maria sagt: »Mama, die haben eine Leiche dabei!«

Und tatsächlich: Der Schrein wird abgesetzt, eine Urne herausgeholt und ein kleiner Haufen Asche auf die Plane gekippt. Eigentlich sieht der Haufen eher aus wie Erde, aber ich kenn mich mit Leichen nicht besonders gut aus. Moment, was denke ich denn da? Eine Leiche! Vor unserem Haus! Das darf man doch nicht, oder?

Maria ruft ihre Geschwister: »Lilli, Paulina, William; kommt schnell, eine Leiche!«

Die Beerdigungsgäste schauen zu uns rüber. Meine Kinder winken. Ich tu so, als wäre ich nicht da.

Die Gesänge werden leiser. Es sind auch zwei Kinder dabei. Die Armen. Einzeln und feierlich treten die Menschen mit einem Zweig in der Hand vor. Sie sprechen ein Gebet und klatschen in die Hände (Lilli ist die Expertin und sagt: »Die freuen sich einfach, dass die Leiche richtig tot ist!«). Nachdem jeder vorgetreten ist, wird noch gesungen, gemeinsam gebetet, viel fotografiert und dann folgen alle dem Priester dahin, wo sie herkamen. Zurück bleibt die Plastikplane, ein Haufen Erde und ein Zweig, der darin steckt. Möchte mich bitte mal einer kneifen? Ich will keine Leiche vor meiner Haustür haben! Vielleicht laufen die Nachtwächter hier auch nur deshalb durch die Straßen, damit die Leichen wissen, dass jetzt Zeit ist, unter ihre blauen Planen zu schlüpfen? Wenn ich's mir so recht überlege, hab ich hier tatsächlich noch keinen Friedhof gesehen. Gut, bei so wenig Platz macht es ja durchaus Sinn, jede freie Fläche zu nutzen, aber ... Ich grusele mich! Entsetzt erzähle ich meiner Nachbarin von meiner nachmittäglichen Krimistunde. Sie lacht mich aus und erklärt mir, dass die Prozession nur das Fundament gesegnet hat. Mein Gott, was für ein Aufwand! Ob der Priester etwas drunter hat, konnte sie mir allerdings ebenfalls nicht sagen.

ICH FAHR U-BAHN ...

Holger arbeitet in Yokohama, gleich um die Ecke der DSTY. Mit dem Auto fährt man ungefähr zwanzig Minuten über die Autobahn, aber das traue ich mich noch nicht. Schließlich fahren hier alle auf der falschen Straßenseite. Aber heute sind wir genau einen Monat hier und deshalb hat mich Holger zum Mittagessen nach Kawasaki eingeladen. Also mache ich mich zum Bahnhof nach Jiyugaoka auf, da ist die Verbindung angeblich am einfachsten. Geschätzte Fahrzeit zum Bahnhof: 15 Minuten mit dem Rad. Prophylaktisch breche ich um halb neun auf. Man weiß ja nie. Nach einer halben Stunde Herumirren in völlig gleich aussehenden Straßen begegne ich endlich jemandem, den ich nach dem Weg fragen kann.

Ich sage also: »Sumimasen, Jiyugaoka-Station?«

Mein hilfsbereiter Gesprächspartner hat meine Frage verstanden und antwortet heftig nickend: »Ah, Jiyugaoka – Eki-Station.«

Ich bin stolz. Ich habe eine Auskunft erhalten! Auf eine von mir gestellte Frage! Er erklärt mir irgendetwas auf Japanisch und ich entnehme, dass ich vielleicht nach links muss. Sicher bin ich mir nicht. Ganz egal, er hat mich verstanden und man kann ja auch mal Glück haben! Eki-Station, ich komme!

Nachdem ich fast zwei weitere Stunden radle und Eki-Station immer noch nicht in Sicht ist, bin ich doch ungehalten. Ich bin kurz davor, wieder umzukehren (wobei noch zu klären gewesen wäre, welches der richtige

Heimweg ist), als ich auf einen Japaner treffe, der perfekt Englisch spricht. Unsere Konversation geht so:

Ich: »Excuse me please, could you tell me how I get to Eki-Station?«

Er: »Which Station?«

Ich: »Eki.«

Er: »Yes, I know, but which station?«

Ich mache das Gesicht, das man macht, wenn man so langsam kapiert, dass man nichts kapiert hat. Woher soll ich denn auch wissen, dass »Eki« *Station* heißt?

Es ist kurz vor elf, als ich wider aller Erwartung doch in Jiyugaoka ankomme. Wie gut, dass ich so früh aufgebrochen bin. Offensichtlich ist immer noch Rushhour. Oder ist es etwa immer so voll? Eindeutig sind hier zu viele Menschen auf zu wenig Fläche. Deshalb gibt es überall gelbe Markierungen auf dem Boden, hinter die man sich stellen muss. Wenn die Bahn kommt, wird man der Reihe nach hineingedrückt. Das ist gut, bis man wieder aussteigen will. Wann das ist, weiß ich nicht, denn ich kann weder durch die niedrigen Fenster schauen noch die Durchsagen verstehen. Da ich aber sowieso total eingekeilt bin, steige ich halt da aus, wo alle aussteigen. Während der Fahrt habe ich allerdings ganz andere Probleme. Nicht nur, dass die japanischen Männer eher auf meiner Brust- als auf meiner Augenhöhe sind, sondern es baumelt auch ein stetig wogendes Meer aus Gummihalteschlaufen vor meinem Gesicht, dem ich auf Gedeih und Verderb ausgeliefert bin. Meine Arme sind mit Festhalten beschäftigt. Die Japaner lachen über mich. Innerlich. Das spürt man. Dafür bin ich der einzige Nutznießer der wenigen verbleibenden Sauerstoffvorräte, das ist auch nicht zu verachten. Außerdem geht es mir bestimmt besser als den Japanern, die ihren Kopf direkt in meiner Achselhöhle haben.

Jedenfalls steige ich aus, wo alle aussteigen. Überraschenderweise entpuppt sich das als Volltreffer: *Mizonokuchi/Musashi-Mizonokuchi*. Alles klar. Hier muss ich umsteigen.

Auf meinem Bahnsteig steht komischerweise kein Mensch, aber gegenüber mindestens tausend. Ich winke. Ein paar Japaner winken freundlich zurück.

Ich rufe: »KAWASAKI DES?« Ich will wissen, ob der Zug nach Kawasaki fährt. Vielleicht frage ich aber auch, ob dies hier Kawasaki ist. Egal, ich wäre über irgendeine Antwort glücklich, aber die Japaner lachen lieber und winken weiter. Ich beschließe, vorsichtshalber den Bahnsteig zu wechseln. Gerade noch rechtzeitig kann ich mich ordnungsgemäß ein wenig anstellen, bevor der Zug kommt und ich mich mit der Masse hineinquetschen kann. Leider habe ich keine Zeit, eine Hinweistafel zu lesen. Nicht so wichtig. Wichtig ist nur, dass ich rechtzeitig vor den Kindern wieder zu Hause bin, wenn auch ohne Mittagessen mit meinem Mann. Wo ich schließlich lande? In Kamakura. Da wollte ich bestimmt sowieso immer schon mal hin. Und so weiß ich jetzt wenigstens den Weg. Ungefähr.

SNACK-ROULETTE

Diese Woche ist *Silver Week*. Es ist keine ganze Woche, aber immerhin drei Feiertage. Davon gibt es hier viele. Gefeiert wird im Grunde alles: Tag des Sports, Tag des Meeres, Mädchentag, Tag des Grüns … Fünfzehn Feiertage sind es insgesamt im Jahr, was den chronisch überarbeiteten Japanern theoretisch drei Wochen mehr Urlaub ermöglichen würde, wenn sie alle am Stück stattfänden. Tun sie aber nicht. Dafür sind die Japaner ungewöhnlich flexibel, wenn ein Feiertag mal auf einen Sonntag fällt. Der wird dann einfach kurzerhand auf den Montag verlegt.

Da sind wir nun, Holger und ich, passenderweise ganz allein am Tag der Alten. Auch wenn Maria steif und fest behauptet, es sei der Tag der Algen. Uns ist beides recht, wir feiern die Feste, wie sie kommen – in diesem Fall mit einem leckeren Mittagessen zu zweit. Die Vorfreude ist groß. Da wir diesmal weder mit Bahn noch mit Auto anreisen, sondern mit dem Rad, sind die Chancen gut, erfolgreich und satt heimzukehren. Ich kann ja jetzt außerdem Japanisch. Ich kann zum Beispiel »ja« sagen: »hai!«, sehr kurz gesprochen. Aber wenn ich so recht drüber nachdenke, habe ich keine Ahnung was »nein« heißt. Nein zu sagen ist auch völlig unjapanisch. Es steht mehr zwischen den Zeilen. So kann es beispielsweise sein, dass ein japanischer Kellner heftig nickt, wenn man ihn fragt, ob er noch einen Tisch frei hat, dann aber das japanische Geräusch macht. Es ist ein Geräusch, das wir

Nichtjapaner machen, wenn wir uns die Finger verbrannt haben. Das kann alles heißen: »Ja«, »Nein«, »Wow« oder »Das ist aber interessant.« Dazu wird gern noch ein fragendes »Eeeeeh?« oder »Sososo?« drangehängt. Einen Platz bekommt man dann zwar trotzdem nicht, jedoch die Visitenkarte des Etablissements. Fürs nächste Mal.

Da ich ja schon die zweite Japanischstunde hinter mir habe und *das Geräusch* perfekt beherrsche, befinde ich mich jetzt in dem fortgeschrittenen Lernstadium, in dem man Lieblingswörter haben darf. Ich mag sehr gern: »Softu Dorinku« sowie »Baumu Kuuhen« (sehr beliebt hier), »Ryukkusakku« und »Arubeito«. Soft Drink, Baumkuchen, Rucksack und Arbeit – eingejapanischte Wörter gibt es tausende. Natürlich kann ich mir die bekloppten Sachen gut merken, hab aber keine Ahnung, was »nein« heißt.

Zum Glück für orientierungsbedürftige Ausländer wie uns ist es hier in Restaurants üblich, Kunststoffversionen der Speisen in der Auslage zu präsentieren. Meistens sehen sie sehr, sehr echt aus. Eindeutig erkennbar ist die Fälschung nur dadurch, dass sie im 45-Grad-Winkel in der Auslage zusammenhält, was selbst bei japanischem Klebreis eher unwahrscheinlich ist. Als wir uns entschieden haben, was wir wollen, treten wir durch die typischen mit Schriftzeichen bedruckten Vorhänge in einen kleinen Vorraum. Mittlerweile können wir das sogar, ohne uns dabei den Kopf anzustoßen. Der Mann hinter der Theke brüllt ein herzliches Willkommen: »Irasshaimase!« Alle Kellner stimmen lautstark im Chor mit ein:

»Irasshaimase« – Treten Sie ein! und »Onegaishimasu!« – Bitte! Viele Verbeugungen und Höflichkeitsbekundungen später werden wir an die Schwelle einer Art Separee geführt. Dort zieht man an der Stufe selbstverständlich die Schuhe aus. Wohl dem, der lochfreie Socken, gewaschene Füße oder eine unempfindliche Nase hat! Dann lassen wir uns auf dem Boden nieder, während der zuständige Kellner die Schuhe schon mit den Fersen an die Stufe stellt, sodass man später nur noch reinschlüpfen muss.

Das Schuhprozedere wird komplizierter beim Toilettengang: Dahin geht man barfuß oder auf Strümpfen. Vor Ort findet man spezielle Kloschuhe, natürlich in Laufrichtung ausgerichtet. Diese trägt man während des Toilettenbesuches und stellt sie anschließend für den nächsten Besucher wieder in Laufrichtung hin. Aber man darf niemals, niemals(!) vergessen, die Schuhe wieder auszuziehen. Das Unhygienischste, Schlimmste, Anstößigste, was man als Ausländer in Japan tun kann, ist es, die Kloschuhe anzulassen. Ein Affront! Uns passiert das heute zum Glück nicht – so was macht man nur ein einziges Mal und wir hatten schon das Vergnügen.

Nachdem Holger seine fast zwei Meter und ich meine eins dreiundachtzig unter den Minitisch gefaltet haben, brauchen wir erst mal einen Sake. Den japanischen Reisschnaps kann man kalt oder warm trinken. Vorsichtig testen wir unsere Fifty-fifty-Chance – bei 38 Grad im Schatten haben wir Glück: kalt! Weil es unhöflich ist, zu wenig in die Gläser einzuschenken, kommt der Sake zusätzlich noch in einer kleinen Schüssel, die ebenfalls zu einem Drittel voll ist. Es ist mitten am Tag, wir haben später noch unseren Erziehungspflichten nachzugehen und wir trinken schüsselweise Sake! Zum Ausgleich bestellen wir gleich mal zwei Bier: »Nama biiru o futatsu onegaishimasu!« Das haben wir vorher auswendig gelernt. Zum Glück haben wir schon am Eingang auf zwei ansprechende Plastik-Sushi-Ensembles gezeigt, es kann also keine Missverständnisse geben und wir sind so was von entspannt.

Vor dem Essen gibt es grundsätzlich ein Oshiburi, ein heißes und feuchtes, kleines Handtuch. Wir wischen uns Hände und Gesicht ab. Schade, dass meine Wimperntusche nicht wasserfest ist, aber wir sind ja unter uns und mein Mann liebt mich, wie ich bin. Vor allem nach einem Sake aus der Schüssel und einem Bier. Danach bekommen wir den obligatorischen grünen Tee. Dieser hier könnte als Vorspeise durchgehen. Will heißen, man muss ihn gut kauen. Holger, der schon seit Januar hier ist, hat natürlich einen meilenweiten kulturellen und gustatorischen Vorsprung. Bestimmt die Hälfte der Dinge, die er essen will, kann ich keiner mir bekannten Nahrungsmittelgruppe zuordnen.

Er sagt, er kenne sich aus. Ich glaube, er will angeben. Trotzdem gehen wir beide beherzt an unser Feiertagsmahl. Wir arbeiten uns langsam von sehr vertraut (Miso-Suppe, Lachs-Röllchen) über kleine Wagnisse (Eierstich mit unbekannter, aber halb sichtbarer Einlage) zu höchstem Gaumen-Risiko vor (Some call it lunch – we call it Snack-Roulette). In meinem Fall war der Eierstich schon das Äußerste. Es sind Pilze drin. Das erkennt mein Gaumen zum Glück schneller, als meine Fantasie aktiv werden kann. Nicht Holger: Er hat eine Leckerei auf seinem Tablett, die er schon eine Weile mit seinen Blicken umkreist. Noch einen Schluck grünen Tee, ein wenig Wasabi. Augen auf »das Ding«: ein Reisbällchen, das in ein längliches Algenblatt gewickelt ist und oben mit einem orangefarbenen, offensichtlich rohen Stück besetzt ist. Es sieht aus wie eine dieser fiesen Schnecken ohne Haus. Auf meine Frage, ob er sich das nicht ersparen wolle, antwortet Holger, ganz Mann von Welt: »Ach, nö du, man muss alles mal probieren.« Jetzt kann er sich keine Blöße mehr geben und schiebt sich die ganze orangefarbene Pracht mit den Stäbchen in den Mund. Er kaut einmal. Seine Augen öffnen sich ein wenig weiter. Er kaut zum zweiten Mal. Er schüttelt den Kopf. Sein Blick gleitet suchend über den Tisch. Leider haben wir alle Getränke beim Tanz um das Schnecken-Sushi ausgetrunken. Mein Mann verharrt. Die Zeit steht still. Tränen treten in seine Augen. Er schluckt trocken. Was soll ich tun? Ich würde gern helfen, ihm eine Serviette reichen (gibt es in Japan nicht), ein erfrischendes Softgetränk zum Nachspülen bereithalten (haben wir nicht) oder den Kellner rufen – das geht am Allerwenigsten, weil ich so lachen muss, dass ich gar nicht sprechen kann. Holger schluckt *die Schnecke* heldenmütig herunter. Kalter Schweiß steht auf seiner Stirn. »Futatsu biira onegaishimasu!«, kann er gerade noch rufen, bevor es ihn schüttelt. Später stellen wir fest, dass es sich dabei um die beliebte japanische Spezialität »Uni« handelt – Seeigel. Ich hoffe, dass ich Holgers Gesichtsausdruck für immer im Gedächtnis behalte. Für schlechte Zeiten.

Als Holger sich wieder einigermaßen unter Kontrolle hat, können wir zahlen und werden sehr freundlich verabschiedet. Keiner (außer mir) lacht.

»Domo arigato gozai masu« – Herzlichen Dank!

»Kiotsu kete« – Alles Gute! Passt auf Euch auf!

Zum Glück können wir noch Fahrrad fahren. Nach so einem Seeigel auf Alge und einem klitzekleinen bisschen Alkohol ist es ein Segen, dass auf unserem Heimweg Getränkeautomaten stehen. Holger hält alle zweihundert Meter an, um sich etwas zu trinken zu holen. Ich sehe, wie er sich immer wieder schüttelt. Auch bei den Getränken muss man das eine oder andere Restrisiko in Kauf nehmen, denn wir können wie immer keines der Etiketten entziffern. Besonders interessant fand ich bisher Calpis Grape (eine Art sehr verdünntes Actimel mit Traubengeschmack) oder Grüntee mit Reis. Beide Geschmacksrichtungen tendieren in Richtung flüssiger Plastiktüte. Der Heimweg dauert auch deswegen ein wenig länger, weil ich immer wieder vor Lachen anhalten muss. Dafür sind wir beide zu Hause wenigstens wieder völlig ausgenüchtert. Nur Holger ist schweigsam.

Abends gehen wir beruhigt und völlig erschöpft von den Abenteuern dieses Feiertages gleichzeitig mit den Kindern ins Bett. Da macht es dann auch nicht so viel aus, dass die Feuerwehr gegen drei Uhr mit diversen Einsatzwagen und Dauersirene durch unser Viertel fährt (selbstverständlich unter Berücksichtigung der Verkehrsregeln inklusive minutenlanger Stopps an jeder roten Ampel) und sich parallel per Megafon bei den Anwohnern entschuldigt, dass der Krach sie möglicherweise geweckt haben könnte. Man möchte am liebsten im Nachthemd rausgehen und ihnen sagen, dass sie sich keine Gedanken machen müssen. So nett sind sie!

WENN MÖGLICH, BITTE WENDEN!

Ich fahre Auto. Seit einer Woche wage ich mich auf die falsche Straßenseite! Die Entscheidung habe ich getroffen, nachdem ich versucht habe, mit dem Fahrrad auf einem regennassen und sehr schmalen Bürgersteig einem Fußgänger auszuweichen. Dabei bin ich auf einem Metallgitter ausgerutscht und vor seine Füße gefallen. Woraufhin er einen großen Schritt über mich hinwegmachte, ohne mich eines Blickes zu würdigen. Als wahrer Japaner musste der Mann natürlich so tun, als hätte er nichts gesehen. Sonst hätte es bedeutet, dass jemand mein Missgeschick bemerkt hat und ich für immer blamiert wäre. Wir Europäer hätten lieber eine helfende Hand und dafür ein paar blaue Flecke weniger, aber da hat man keine Wahl. Na ja, Auto fahren kann nicht schlimmer sein. Dafür braucht man ein Auto (in meinem Fall einen Smart) und einen japanischen Führerschein. Das bedarf langwieriger Vorbereitung. Erster Stolperstein: In meinem alten Führerschein steht mein Mädchenname. Das ist für Japaner, die meinen Führerschein amtlich beglaubigt übersetzen müssen, ein großes, ja fast unüberwindliches Hindernis, denn woher sollen sie wissen, dass es sich trotz übereinstimmenden Vornamens, Geburtstages und Adresse wirklich um mich handelt?

In Japan ist das vielleicht wirklich möglich – ich habe das Namenssystem nicht durchschaut. Auf Endungen ist kein Verlass: O wie zum Beispiel bei Ryoko heißt nicht, dass es sich hierbei um einen Mann handelt, a wie in Akira ist hingegen eher ein Zeichen für einen männlichen Vornamen und bei i wie in Ai oder Ui ist auch beides möglich. Aber wer japanische Namen schon schwierig findet, der hat noch nie gehört, wie sich ein Japaner abmüht, »Lucinde Hutzenlaub« auszusprechen. Aus japanischer Sicht ist es also verständlich, dass ich noch in Deutschland einen neuen Führerschein beantragen musste, um in allen Dokumenten gleich zu heißen. Das habe ich zum Glück tatsächlich fristgerecht getan. Auf dem Amt muss ich nur noch meine Sehschärfe überprüfen lassen, zwei Fotos machen lassen, Formulare ausfüllen, einen Antrag stellen, meinen Pass und mein Visum sowie meine aktuelle Adresse vorweisen und den Status meines Mannes, seinen Arbeitgeber und Büroadresse nachweisen und glaubhaft versichern, dass ich mit Holger auch wirklich verheiratet bin. Erstaunlicherweise komme ich um den grüngelben Aufkleber für Fahranfänger rum, weil Holger, der eigentlich gar nichts mit meinem Führerschein zu tun hat, schon seit einem halben Jahr hier lebt.

Ich habe jetzt einen Führerschein und ein Auto, dass ich »nur noch« mitten in Tokio abholen muss. Das Gebäude, in dessen Tiefgarage mein Auto auf mich wartet, ist eines der typischen Tokio-Innenstadt-Hochhäuser. Ungefähr dreißig Stockwerke hoch (also für Tokio eher niedrig), vielleicht zwanzig Meter breit und mit einem kleinen Durchgang zum Innenhof, von dem man in die Tiefgarage kommt.

Ich stehe kaum im Hof, als mein Auto auch schon von einem jungen Mann in Anzug, Krawatte und weißen

Handschuhen vorgefahren wird. Sehr feierlich. Unter mehrfachen Verbeugungen überreicht er mir den Schlüssel. Der Linksverkehr stellt sich schon im Stillstand als Herausforderung dar, weil ich mich schon konzentrieren muss, nicht auf der falschen Seite einzusteigen.

Zur Grundausstattung meines Smarts gehört natürlich ein Navigationssystem. Leider kann ich es weder verstehen, programmieren noch ausschalten. Alles in diesem Auto ist auf Japanisch. Aber deshalb steckt mir der nette junge Mann ein zweites Navi durch das halb geöffnete Fenster zu und versichert mir, es sei auf Englisch programmierbar. Jetzt macht plötzlich auch das Überprüfen der Sehschärfe auf dem Amt einen Sinn, wenn man nämlich die Augen ganz fest zusammenkneift, kann man erkennen, dass die millimetergroßen Untertitel auf Englisch sind. Und dann – oh, süße Melodie in meinen Ohren: Das Gerät spricht tatsächlich Englisch mit mir! Zur Begrüßung sagt es: »You are off course!« Als ob ich das nicht selbst wüsste. Es sagt auch: »Please watch speed limit.« Dabei bin ich noch nicht mal losgefahren.

Vor mir steigt mein Mann wieder in sein Auto, hebt den Daumen und fährt los. Ich habe Angst. Aber ewig kann ich hier nicht stehen bleiben, oder? Auch wenn ich total vergessen habe, die wesentlichsten Fragen zu klären, wie zum Beispiel: Ist bei Linksverkehr rechts vor links oder links vor rechts?

Schon gut, schon gut, ich fahr ja schon.

Ich muss mich ein bisschen beeilen, damit ich Holger nicht verliere, bleibe aber brav auf der rechten Spur, wo man eben so fährt, wenn man aus Europa kommt und langsam ist. Ich begreife relativ spät, dass das die Überhol-spur ist und hätte jetzt doch gern einen grün-gelben Anfänger-Aufkleber. Oder am besten einen schwarz-rot-goldenen, dann könnte ich gleich Vorurteile in Bezug auf deutsche Autofahrer verbreiten. Ich bin schweißgebadet. Nebenbei gibt mir mein nichtabschaltbares japanisches Navi in ohrenbetäubender Lautstärke Fahrtipps. Bei mei-nem Versuch, es auszumachen, schalte ich aus Versehen das Radio an. Jetzt also auch noch das Musikantenstadl auf Japanisch. Super. Aber man sagt ja, so lernt man eine Sprache am schnellsten. Leider kann ich nichts dagegen machen, denn ich kann auf keinen Fall den Blick von der Straße und Holgers silbernem Bus vor mir nehmen.

Vor uns parkt ein Lastwagen am linken Straßenrand, ein kleiner Stau entsteht. Holger windet sich blitzschnell durch die Lücke. Meine Fingerknöchel werden weiß. Ich atme flach. Es gibt kein Entkommen. Vielleicht sollte ich mich mehr auf den Lastwagen und weniger auf Holger konzentrieren? Vielleicht, ja, vielleicht sollte ich die Augen beim Passieren der Engstelle nicht zusammenkneifen oder hätte vielleicht noch besser einfach gleich beim Fahr-radfahren bleiben sollen? So oder so: Es gibt ein Geräusch. Diesmal kein japanisches, sondern eines, das deutlich macht, dass man gerade »Kontakt« mit einem anderen Auto hatte. Eines, das einen zwingt, sofort anzuhalten und auszusteigen.

Zum Glück ist nur mein Spiegel mit einem Riesenknall eingeklappt. Und der Lastwagen ist so alt, dass man nicht erkennen konnte, ob ich jetzt noch weiteren Schaden angerichtet habe. Der Lastwagenfahrer lacht. Keine wirklich typisch japanische Reaktion. Offensichtlich ist nichts Wesentliches passiert. Aber Holger ist verschwunden. Natürlich hat mein Gatte vor lauter entspanntem Vor-mir-her-und-durch-Lücken-zwäng-Autofahren nicht in den Rückspiegel geschaut. Weil ihm so langweilig war, hat er auch noch angefangen zu telefonieren. Super. Ich kann ihn weder erreichen noch sehen. Ich fahre also im Schneckentempo weiter. Zumindest hat mein englisches Navi sich endlich mit einem Satelliten verbunden und ist gewillt, mir den Heimweg anzuzeigen. Es dauert nicht lang und ich sehe auch Holger vor mir an der Seite stehen. Da mein Navi jetzt mit mir spricht und ich es bewerkstelligt habe, die Alternativgeräusche einzudämmen, fahre ich hoch erhobenen Hauptes an ihm vorbei. Welch unerhörtes Glücksgefühl, als ich meine Heimatstraße erkenne! Ich kann ab jetzt einkaufen fahren! Meine Kinder zu Ärzten, Freunden und in die Schule bringen, meinen Mann zur Mittagspause besuchen und vor allem: Ich kann mir Japan anschauen! Großartig! Langsam macht es richtig Spaß, das japanische Autofahren. Für die anderen Verkehrsteilnehmer, die mir begegnen, kann ich natürlich nicht sprechen.

NIKKO

Nikko ist ein superhässliches Durchgangsstädtchen im Norden. Es liegt ungefähr zwei Stunden Fahrt von uns entfernt, kurz hinter dem Stadtrand von Tokio. Aber es liegt im Wald, am Fuße von Vulkanen. Wir haben mitten im Wald ein Blockhaus gemietet. Natürlich – japanischer Standard – mit Mikrowelle und beheizter Klobrille. Den Rest der Hütte heizt man genauso Japan-typisch mit Kerosinöfen. Das stinkt und funktioniert nur, solange der Ofen an ist. Nach zwei Stunden schaltet er sich automatisch ab, aber nicht ohne vorher *Morgen kommt der Weihnachtsmann* zu spielen.

Betten gibt es natürlich auch keine. Beim Betreten finden wir dafür Matten und ein Handbuch, das uns erklärt, wie das mit dem Schlafen funktioniert. Hunderte anderer Touristen vor uns haben das System kapiert. Warum sollen ausgerechnet wir scheitern? Maria und ich machen uns ans Werk. Dass es einen Unterschied zwischen Tatami und Futon, Oberbett und Unterziehdecke, Laken für Unterlage und Oberbett gibt, ist mir schon klar. Ich weiß nur nicht, welchen. Lilli kommt zu Hilfe: Wir stapeln pro Schlafplatz drei Klappmatten übereinander und legen jeweils ein Laken drauf. Dann Laken Nummer zwei und etwas Deckenähnliches darüber, ein Kissen liebevoll drapiert, je zwei Ohropax drauf und fertig ist eine Bettstatt, auf die jede Skihütte stolz wäre. Die Ohropax haben wir vor allem deswegen eingepackt, weil unser Sohn zum Balken erweichen schnarcht! Am nächsten Morgen fehlen allerdings ein paar. Lilli kann aufklären: »Ach, die sind für die Ohren? Die hat William gestern gegessen! Schlimm?« Am besten gefällt mir aber mein Mann, der offensichtlich die Tatami-Futon-Schichten verwechselt hat und irgendwie zwischen die Matratzen geraten ist. Er sieht ein bisschen aus wie ein Club-Sandwich. Frisch gestärkt von einer sehr erholsamen Nacht in der Natur machen wir uns auf, die Gegend zu erkunden. Architektonisch (Holzhütten) und landschaftlich (Bäume) haben wir das Gefühl, im Schwarzwald zu sein, wären da nicht die Wegweiser auf Japanisch. Wir fahren eine sehr gewundene Bergstraße hinauf. Jede Kurve dieser Straße ist nach einem Buchstaben des japanischen Alphabets benannt. Da gibt es 48 Zeichen. Wenn man lieber in Gesichtsfarbtönen denkt: ein blässliches Mittelgrün. Ab Kurve 37 wird vor Affen auf der Fahrbahn gewarnt. »AFFEN! COOL!« Sofort geht der Wettbewerb los, wer die meisten erspähen kann: »Ich hab drei.« – »Ich hab fühünf.« – »Lügner! Das war ein Hund!« Immerhin sind die Kinder von den Kurven abgelenkt. Ich lese in unserem Reiseführer, dass man die Affen auf keinen Fall anschauen darf, weil sie sonst aggressiv werden. Und dass sie Makaken heißen. »Da wäre ich auch sauer«, meint Lilli.

Oben auf dem Berg gibt es einen dreißig Meter hohen, sehr berühmten Wasserfall. Um ihn zu besichtigen, muss man mit einem Aufzug im Berg nach unten fahren und dann durch einen Tunnel gehen, bis man direkt davorsteht. Im besten Foto-Abstand und man wird nicht nass. Das ist schließlich das Wichtigste.

Danach haben wir uns die als Weltkulturerbe bekannte Tempelanlage von Nikko vorgenommen. Sie ist riesig. Und wirklich wunderschön! Mitten im Wald gelegen, mit vielen Haupt- und Nebentempeln. Außerdem ist die Anlage für die drei Affen berühmt, die sich auf einem Fries über dem Pferdestall befinden: Nichts sehen, nichts sprechen, nichts hören. Das Motto scheinen sich auch die Tempelwächter zu eigen gemacht zu haben, was unserer doch recht auffälligen Riesenfamilie zugutekommt. Selbst unsere Kinder ziehen ohne zu murren die Schuhe aus, um ins Innere des Haupttempels zu gehen. Es schlittert sich auch viel besser auf den 32 Mal lackierten Böden.

Danach nötigt Maria uns, ins Edo-Land zu gehen, weil sie auch mal was Richtiges anschauen will und »nicht immer nur so Tempel-Zeugs«. Edo ist ein Zeitalter der japanischen Kultur, Kunst und Politik, das in einer Art Disneyland zum Leben erweckt wird. Wir hoffen natürlich insgeheim, die Kinder und wir würden dabei etwas über japanische Geschichte lernen. Tun wir auch. Und zwar in der Ninja-Show, mit echten Ninja-Kämpfern und echten Schwertern und unglaublich lauter, echter, antiker Ninja-Technomusik. Mein Sohn weigert sich von diesem Moment an standhaft, ins Bett zu gehen. Ninjas schlafen schließlich nicht oder putzen die Zähne. Dafür bekomme ich gern mal seine Handkante in der Kniekehle (höher kommt er nicht) zu spüren, begleitet vom Ninja-Schrei (»HAAA-ja!«). Das ist doch Japan-Geschichtsunterricht vom Feinsten.

... IST SO KALT DER WINTER

Es ist drinnen kälter als draußen. So kalt, dass wir Hauch-
wölkchen machen können. Vielleicht liegt es an der japanischen Bauweise, die automatische Frischluftzufuhr an
den erstaunlichsten Stellen bietet. Ich kann zum Beispiel
im Bett mit einer leichten Linksdrehung meines Kopfes
mein Gesicht in einen sanften Luftzug halten. Aber man
soll ja immer das Positive sehen. Sicher ist diese Frischluftzufuhr gesund, man soll ja schließlich nachts auch mit
geöffnetem Fenster schlafen. Wir müssen für die gesund-
heitliche Umsicht unseres Vermieters noch nicht mal was
extra bezahlen, ist doch toll! Nachterwärmungsmaßnah-
men wie Felldecken, Winterjacke, Socken oder Strick-
mütze waren bisher erfolglos. Deshalb habe ich jetzt einen
Fleece-Schlafanzug. Größe Y, alles andere war mir zu
klein. Y wird, nehme ich an, eigens für frierende Sumorin-
ger produziert. Ist ja auch kein Wunder, wenn man sich
nur einen Schal um die Familienehre wickelt und immer
mit nassen Haaren rumläuft. Als ich mit dem guten Stück
zum ersten Mal aus dem Bad trete, reißt Holger kurz die
Augen auf, greift dann schnell zum Lichtschalter und
löscht das Licht. Das macht aber nichts, denn mein Schlafanzug macht beim Gehen kleine Polyesterknisterlicht-
punkte und ich finde den Weg ins Bett problemlos. Kurz
bevor ich einschlafe, werfe ich noch einen Blick auf den
Rücken meines Mannes – seine Schultern beben und ich
höre ein leises Geräusch: Lacht er oder weint er? Egal. Ich
funkele noch ein bisschen vor mich hin und friere nicht.

In Japan gibt es aber leider keine Heizungen. So als ob man sagen wollte: Es wird hier nicht kalt. Nein, es kühlt nur ein wenig ab, das ist gut und schärft den Geist. Wie bei den Meditationen, bei denen immer wieder ein Mönch vorbeikommt und einem mit einer Rute eins über den Rücken zieht, um die Konzentration zu schärfen, man aber nie weiß, wann.

Wir haben eine Klimaanlage, mit der man theoretisch heizen kann. Aber im Prinzip könnten wir genauso gut ein Feuerchen aus Tausend-Yen-Scheinen machen, so effektiv und kostspielig ist das kurze Vergnügen. Wer vier Frauen in einem Haushalt wärmen möchte, hat im Winter die Wahl: Entweder er sucht sich einen lukrativen Nebenjob oder er heizt mit einer kleinen, harmlos aussehenden Metallkiste, die mit Kerosin befüllt wird und sofort anfängt zu stinken, sobald man sie einschaltet. Als ob sie sagen wollte: »Haha, ich bin vielleicht klein, aber ich kann euch trotzdem das Frühstück vermiesen!« Alles schmeckt und riecht nach Benzin, die Augen tränen. Diese zumindest punktuell erfolgreiche Heizmethode wenden wir morgens an, obwohl ein Teil der Familie dennoch lieber nicht auf die Handschuhe beim Frühstück verzichten möchte, damit einem nicht immer das Brot aus den steif gefrorenen Fingern fällt. Anschließend wird der Ofen sofort abgeschaltet. Eines ist klar: Der Erfolg rechtfertigt den Geruch nicht.

SUPPE

Zufällig treffe ich Satoko in der Stadt, die Mutter von Williams Kindergartenfreundin Himeno (»Prinzessin«). Satoko ist höchstens eins vierzig groß, packt aber noch 15 Zentimeter drauf, indem sie Schuhe trägt, auf die Barbie neidisch wäre (größentechnisch könnten es auch ihre sein). Sie ist winzig! Wir zwei nebeneinander sehen aus wie Tinkerbell und Godzilla. Satoko liebt Pink über alles, spricht sehr gut Englisch, ist offen, fröhlich und lacht viel, also eher unjapanisch. Ihre Tochter ist ebenso winzig wie sie. Satoko schleppt eine riesige Tasche mit Einkäufen. Sie erklärt, dass sie damit nichts anzufangen weiß, weil die Freundin, für die sie kochen wollte, mit Schweinegrippe im Bett liegt. Da wir beide spontan sind, kommt sie einfach zu mir und wir kochen japanisch. Also, sie kocht und ich schaue zu, nachdem meine unzureichenden deutschen Schnippel-Qualitäten sie sehr zum Lachen gebracht haben.

Spannend, was alles aus ihren Tüten kommt: dünne, lange Minipilze, getrocknete, geschabte Fischhaut (erzählt sie mir zum Glück erst hinterher), die sie in der Suppe einweicht und dann wegwirft. Eingelegtes Gemüse, Fisch und eine Art Teig, aus dem sie später Klöße macht. Getrocknete Algen, Kohl, Reis und viele mir völlig unbekannte Gemüsesorten. Sie hat ihren eigenen Reis und ihren eigenen Tisch-Suppentopf mitgebracht. Klar, machen wir auch immer so.

Maria und Lilli, die überraschend früh nach Hause kommen, sind nicht ganz so angetan vom Essen, allerdings umso mehr von der Aussicht, Suppe mit Stäbchen essen zu dürfen. William und ich finden es sehr lecker: Suppe mit Tofu, Hühnerklößchen, Gemüse und tausend verschiedenen Pilzen, Koichi (scharfer Kohl mit Hühnchen), eingelegter Thunfisch und gebratener Reis – ein Festmahl!

Prinz William und Prinzessin Himeno müssen sich danach erst mal von der anstrengenden Esserei erholen und schlafen nebeneinander auf der Couch ein. Mein blondes Kind neben Tinkerbells Tochter. Sehr süß! Satoko bleibt bis abends, weil es bei uns so schön ist.

Arbeitsame japanische Männer kommen nämlich erst mitten in der Nacht heim und gehen aus dem Haus, wenn die Frau gerade nicht hinschaut. Gemeinsame Mahlzeiten, Kinder ins Bett bringen oder überhaupt was zusammen machen gibt es nicht. Die Männer essen mit den Kollegen abends und gehen danach ein Bier trinken. Oder fünf. Sie schlafen in der U-Bahn und erkennen ihre Familie am Wochenende daran, dass sie in dem Auto sitzt, das sie gekauft haben. Das Wichtigste ist, dass die Familie gut versorgt ist. Das bedeutet: Japanerinnen fühlen sich echt oft allein. Vielleicht sind sie deshalb besonders gern in einem Haushalt wie unserem. Zumindest deute ich so die E-Mail, die Satoko mir am nächsten Tag auf Deutsch schickt:

Liebe Lucie,
Danke. Du bist sehr zart. Ich sehe dazu vorwärts aus, das ich mich sofort treffen kann.
Wir freuen uns darauf, von dir zu horen.
Satoko

KARAOKE

Meine neue Freundin Kerstin und ihr Mann Christoph wohnen fünf Minuten mit dem Rad von uns entfernt. Sie haben vier Kinder, die fast genauso wie unsere heißen: Marie, Pauline, Lilly und Helena. Das ist ein Zeichen, finden wir. Unsere neue Freundschaft feiern wir mit Karaoke. Acht Kinder, vier Erwachsene und zwei Mikrofone. Karaoke ist toll! Besonders ansprechend ist der schalldichte, sehr dunkle Raum, auf dessen leicht klebrigem Teppichboden wir sitzen. In unserem gemütlichen Sing-Kämmerlein befindet sich der einzige ausgewiesene Notausgang, der allerdings mit schwarzen Brettern vernagelt ist, damit das Licht von draußen unter gar keinen Umständen unbefugten Eintritt findet. Und es gibt, was vor allem die Kinder sehr schätzen, drei Getränkeautomaten in unserem Gang. Free Softdrinks! Aus dem einen kommt giftgrüne Limonade, aus dem anderen Milkshakes und aus dem dritten Eiswürfel. Die Kombinationsmöglichkeiten sind unbegrenzt, die Sauerei unbeschreiblich.

Die Lieder können aus zwei telefonbuchdicken Katalogen ausgewählt werden. Kanji-Leser können außerdem auch an zwei Tischcomputern nach Interpret oder Song suchen. Wir haben Christoph dabei, der das kann. Nach einer halben Stunde, diversen Limonaden-Milchmixgetränken und einem Bier für jeden Erwachsenen habe auch ich es begriffen: Wichtig ist nicht die korrekte Wiedergabe eines Musikstückes von Celine Dion, Nickelback, Miley Cyrus oder Nena (Ja, ernsthaft, Nena!) sondern, dass man den anderen übertönt. Paulina lässt uns mehrfach wissen, wie peinlich wir sind. *Sie* kann ja auch singen.

Nach der Karaoke-Kammer ist die frische, kalte Nachtluft eine wahre Wohltat. Und mein Schlafanzug erst – was tät ich ohne ihn! Zu Hause klagt Paulina über Kopfweh und Schüttelfrost und keiner findet Schweinegrippen-Witze mehr lustig. Ich habe gehört, dass in manchen Klassen mittlerweile nur noch fünf Kinder sind. Vielleicht schließen sie ja die Schule demnächst einfach ganz. Letzte Woche gab es nachts ein größeres Erdbeben. Alle haben davon gesprochen. Und ich? Ich hab geschlafen.

OHNE WORTE

Wenn ich bisher dachte, Japanisch sei eine relativ direkte und klare Sprache, so muss ich das schleunigst revidieren. Die Satzstrukturen sind zwar überschaubar – »Kohii nomu« heißt »ich nehme einen Kaffee« – aber Zahlen sind einfach komplett verwirrend. Dinge werden in anderen Worten gezählt als Menschen, Stockwerke anders als Monate und Tiere, die im Wasser leben, anders als Landtiere. Unterschieden werden auch runde, flache und hohe Gegenstände. Wenn ich also eine Briefmarke kaufen will, muss ich mir überlegen, ob sie in die Kategorie Dinge oder flache Gegenstände fällt. Ich fürchte, das ist nur die Spitze des Eisbergs, möglicherweise unterscheidet man noch flache Dinge, die man mag, und flache Dinge, die man nicht so gern anfassen möchte, oder junge und alte Menschen. Ist ein Baum ein Gegenstand oder ein Lebewesen? Was ist mit Nahrungsmitteln? Ist Sushi Nahrungsmitteln oder Tieren im Wasser zuzuordnen? Vermutlich werde ich nie übers Zahlenlernen hinauskommen und am Ende meiner fünfzig Japanischstunden immer noch nicht bis drei zählen können.

Bisher habe ich immer einfach geantwortet, wenn ich im Laden gefragt wurde, was ich wolle. Jetzt ist alles aus. Ich kann nicht sprechen. Es gibt zu viele Möglichkeiten, aber auch endlich eine Erklärung dafür, warum mich keiner versteht.

Meine Briefmarke bekomme ich übrigens trotzdem. Ich sage: »One stamp, please« und hebe den Brief hoch – funktioniert super. Manchmal habe ich das Gefühl, je weniger ich versuche, etwas auf Japanisch zu sagen, umso besser werde ich verstanden. Holger und ich stellen auch eine gewisse Sprachvermischung fest. So bestellte Holger gestern bei Starbucks »One coffee with no Deckel, please«.

Mein größtes Problem im Moment ist allerdings eher ein kleiner weißer Minipudel. Einer, den Lilli in einer Hundeboutique entdeckt hat und sich jetzt zu ihrem Geburtstag nächste Woche wünscht. In der Hundeboutique kann man alles kaufen, was für den Besitz eines Hundes unerlässlich ist: Täschchen und Kostüme, Mützen und Haarspangen, Partnerlook-Kleidung, Accessoires, Hundekuchen (und ich meine Kuchen!) und Deckchen, Bettchen, Wägelchen und Schühchen. Und natürlich die niedlichen Hündchen selbst. Für den überschaubaren Preis von fünftausend Euro. Jederzeit, gern. Aber dann will ich den, der das relativ schlichte Supermann-Kostüm trägt.

Ihr anderer, leichter erfüllbarer Geburtstagswunsch ist eine Tasche. Eine einfache, schlichte Tasche für die wenigen Dinge, die ein neunjähriges Mädchen immer dabeihaben muss: Klaviernoten, Block und Stifte, Barbie mit dazugehörigen Kleidern, Kleingeld, ein paar CDs (weil man das, was wir so hören, natürlich nicht ertragen kann) und ein paar Stofftiere. Eine GROSSE Tasche. Der letzte Schrei hier sind bedruckte Exemplare mit Comicfiguren, Mangas, Hello Kitty und Schriftzügen. Ein besonders schönes, rosafarbenes Exemplar sticht mir sofort ins Auge. Liebliche Vögel schweben über hübschen grünen Bäumen. Idylle pur. Darüber steht ein Text auf Deutsch: »Es ist die Sache, in der es natürlich immer einen Schmerz hat.« Hm. Vielleicht benutzen diese Taschendesigner dasselbe Übersetzungsprogramm wie Satoko? Andererseits möchte ich auch nicht wissen, was für japanische und chinesische Schriftzeichen sich Europäer auftätowieren lassen. Das hier ist wenigstens nur eine Tasche.

KIMONOS UND DAS JAHR, IN DEM WILLIAM DER BAUM SEIN MUSSTE ...

Am 15. November ist *Shichi-go-san*. Das heißt übersetzt »sieben-fünf-drei«. Wenn Mädchen in diesem Jahr drei oder sieben und Jungs fünf oder sieben Jahre alt werden, wird gefeiert. Kinder, deren Alter und Geschlecht zur jeweiligen Zahl passen, kleiden sich an diesem Tag in ihren schönsten Kimono und gehen mit ihren Eltern zum Tempel, um für gute Gesundheit zu beten. Das ist besonders notwendig, wenn man auch im Winter Kleid und Zehensandalen trägt.

Wir wollen uns auch verkleiden. Einmal im Leben muss man so was machen. Vier Deutsche in Kimonos sind ja fast wie Japaner im Dirndl. Paulina addiert sieben und fünf, Maria sieben und drei, Lilli fünf und drei und ich, na ja, ich multipliziere halt das eine oder andere. Der männliche Teil unserer Familie ist nicht so wahnsinnig an diesem Abenteuer interessiert und bleibt stattdessen bei Holgers Arubeito um Autos anzugucken.

Nach intensiver Suche entdecken wir ein Fotostudio mit umfangreichem Kimono-Lager in Yokohama. Das Studio hat sogar genau zwei Kimonos in Paulinas und meiner Größe. Da fällt uns wenigstens die Auswahl nicht so schwer. Vor dem Kimonoanziehen muss man die Haare auftürmen. Das finden wir natürlich alle spitze. Die Mädels bekommen Haarteile und eine Menge Blumen und Silbergebaumel in die Haare und ich Perlen, Blüten, zwei Tonnen Haarspray und Nadeln. Eben alles, was die japanische Friseurkommode so hergibt. Mit original japanischer Turmfrisur bin ich fast zwei Meter groß. Die Ankleidedamen haben eine Menge Spaß, nachdem sie eine Leiter geholt haben. Als Lilli ihren Kimono und den Obi-Gürtel geschnürt bekommt, muss sie sich erst mal hinlegen, denn ihr wird plötzlich so komisch. Mir übrigens auch, wenn ich meine Kinder so geschminkt sehe.

Aber die Kimonos sind wirklich unglaublich. Schon die mehrfach gewickelte Unterwäsche und die Technik, mit der die Damen es schaffen, mich ohne öffentliche Entblößung hineinzuwickeln, sind sensationell. Okay, sie sind ja auch zu dritt: eine auf der Leiter, eine in der Mitte und eine für Schuhe. So muss sich ein Topmodel bei einer Modenschau fühlen.

Die geknöpften Zehensocken, Schirme, passende Handtaschen sowie die Einsteckfächer und Geldbeutel dürfen natürlich auch nicht fehlen.

Nach fast drei Stunden Aufbrezeln werden dann auch schon die Bilder gemacht. Traditionell ist Zähne zeigen nicht erwünscht, was ganz praktisch ist, denn unser Lächeln ist nach drei Stunden Kimonowickeln nicht mehr ganz taufrisch. Außerdem tun Lilli die Füße in den Zehensandalen weh und Maria muss aufs Klo. Die Abrüstung geht zum Glück echt schnell und da ich die Einzige ohne Haarteil bin, darf ich die Frisur sogar behalten. Die Dame am McDonalds-Counter mustert mich von oben bis unten. Meine japanische Brautfrisur will nicht so recht zu Jeans und Fleecejacke passen. Außerdem bin ich damit unglücklicherweise am Türrahmen hängen geblieben.

Die Zeit rast und wir haben fast schon Advent. Weil Weihnachtsbäume in Japan unglaublich teuer sind, werden auch gern mal die Kinder als solche verkleidet. Dieses Jahr muss William dran glauben. Nicht an Weihnachten selbst und auch nicht bei uns zu Hause, sondern nur für das Wohltätigkeitskonzert von KPIS. Holger ist ein wenig gerührt, immerhin hat auch er einst in einer Schüleraufführung den Baum gegeben. Wir können also voller Stolz auf eine lange und traditionsreiche Erfolgsgeschichte in Sachen Baumdarstellung zurückblicken. Besonders liebevoll näht Holger auf seinen grünen Lieblingspullover Christbaumkugeln, Lametta und kleine Silbersterne. Die Aufführung ist eine sehr interessante Veranstaltung. Mein Sohn hat seine Kappe samt Stern längst irgendwo entsorgt, die Kugeln, die mein Mann doch nicht so ganz ordnungsgemäß in ihre Aufhängung geklebt hat, kullern über die Bühne und William weigert sich, zu singen, geschweige denn, sich vom Fleck zu bewegen. Stattdessen setzt er sich einfach an zentraler Stelle mit dem Rücken zum Publikum hin. Unnötig zu erwähnen, dass die japanischen Kinder eine hoch professionelle Performance hinlegen. Trotzdem nehmen wir natürlich hinterher stolz und zutiefst gerührt unseren abgeschmückten Weihnachtsbaum samt restlichen Kugeln in Empfang.

HAFA ADAI!

»Herzlich Willkommen!« auf Saipanesisch – das wird einem entgegengerufen, wenn man am Flughafen auf Saipan ankommt. Ja, wir fahren in den Urlaub. Weihnachtsurlaub. Das ist bei unserer Familiengröße kein leichtes Unterfangen. Bis wir sechs tatsächlich irgendwo ankommen, haben wir uns dreimal scheiden lassen und die Hälfte der Kinder zur Adoption freigegeben. Natürlich hat dabei jeder mindestens fünf Tafeln Schokolade verdrückt, was denjenigen von uns ein schlechtes Gewissen macht, die den Badeurlaub mit nicht ganz der erwünschten Bikinifigur angehen. Vor dem Abflug muss ich mich mit allem erdenklichen Visa- und Reisepassbeantragungsstress herumschlagen, denn Saipan gehört zu den USA und die mögen deutsche Kinderreisepässe nicht, auch wenn die erst ein halbes Jahr alt sind.

Um Zeit zu sparen, komme ich auf die glorreiche Idee, den Kindern Abhak-Listen mit einzupackenden Kleidungsstücken auszudrucken. Ich muss meine Fehleinschätzung allerdings einsehen, als ich Lilli lang und breit erkläre, dass »Unterwäsche« aus mehr als einer Unterhose besteht, Marias Zahnbürste als »Zahnputzzeug« nicht reicht und »was zum Spielen« ein Kartenspiel bedeutet, nicht das von der Freundin extra ausgeliehene Barbiehaus. (»Extra! Mama, die Barbies brauchen auch mal Urlaub!«) Ja, das hatte ich nicht bedacht.

Auf jeden Fall ist am Ende alles eingepackt: Tickets, Pässe, Flugnummern, Kontaktadressen und Gepäck. Die zweistündige Fahrt zum Flughafen verläuft staufrei, die Stimmung im Auto ist freundlich und ich werde langsam misstrauisch. Wenn zu lange alles glattgeht, passiert bestimmt gleich eine mittelgroße Katastrophe. Gern halte ich in so einem Fall die Kinder zum Streiten an oder bitte Holger, aus Versehen eine Ausfahrt zu verpassen. Doch als wir im Flugzeug sitzen, kann ich aufatmen: Erst geht die Elektronik kaputt, dann ist was am Reifen und am Ende muss auch noch der Pilot aufs Klo, wovon uns freundlicherweise der Copilot unterrichtet. Also alles in allem zwei Stunden Verspätung. Ich bin beruhigt. Das bedeutet, dass das Flugzeug nicht abstürzt, obwohl wir mit *Northwest* fliegen und Paulina sich erinnert, dass da doch mal was mit Terroristen war. Maria und Lilli wollen es natürlich gleich genau wissen. Ich bin sowieso schon kein mutiger Flieger, aber Holger findet, dass jetzt durchaus der richtige Moment für ein wenig amerikanische Geschichte samt eindrucksvoller Schilderung vom 11. September ist. Ich kann schlecht noch mal aussteigen, oder?

Bei der Passkontrolle im Flughafen stellt sich heraus, dass wir leider die falschen Formulare im Flugzeug ausgefüllt haben. Da es auf Saipan eher selten Europäer gibt, müssen die für uns passenden erst gesucht werden. Bis alle sechs Formulare neu ausgefüllt sind und jeder seinen Fingerabdruck rechts, links und dann von der ganzen Hand abgegeben hat, ist die Halle leer. Das hat den Vorteil, dass wir unser Gepäck auf Anhieb finden und zwischendrin Freundschaft mit den Zöllnern schließen, die uns wertvolle Ausflugstipps geben. Der Shuttle zum Hotel ist natürlich schon weg, kommt aber für uns extra noch mal. Die Hoteliers dachten, wir seien ein sogenannter »no show«, was vielleicht daran lag, dass wir mittlerweile fast sechs Stunden Verspätung haben.

Dass Holgers Kreditkarte nicht funktioniert, ist keine Überraschung mehr. Trotzdem sprechen wir immer noch miteinander, was höchst ungewöhnlich für uns ist. Eine deutsche Kreditkarte kurz vor Weihnachten mit neun Stunden Zeitverschiebung in einem Hotel ohne verlässlichen Handy- oder E-Mail-Empfang zum Laufen zu bringen, ist eine langwierige und äußerst komplizierte Angelegenheit und funktioniert nur, wenn man eine persönliche Beziehung zu einem Hotline-Angestellten aufbaut. Aber es ist möglich. Vielleicht hat es doch was mit Weihnachten zu tun? Auf jeden Fall sind wir pünktlich zum Fest wieder rehabilitiert und müssen die Rezeption nicht mehr weiträumig umgehen, wenn wir zum Restaurant wollen.

Die Kinder tauchen vom ersten Tag an nur noch zu den Mahlzeiten auf, den Rest der Zeit verbringen sie mit Bademeistern, Animateuren, Kellnern, Schnorchel- und Tennislehrern. Außer uns urlauben dort vor allem russische Familien mit Bodyguards und Kindermädchen. Gern drei Monate lang, bis der russische Winter vorbei ist. Außerdem kommen gern junge Koreaner auf Hochzeitsreise dorthin. Die tragen obligatorisch aufeinander abgestimmte Outfits. Zum Beispiel trägt der Mann Bermudas in rosa mit grünen Punkten und sie das dazu passende

Kleid. An ihre zarte Fessel schmiegen sich zwanzig kleine Babyschnuller, während seinen männlichen Spann diverse Miniaturfußbälle schmücken. Beliebt ist auch das Mickey-Minnie-Mouse-Ensemble oder die gute alte Ballonseide. Auf gar keinen Fall dürfen die Honeymooner zweimal das Gleiche tragen. Vielleicht bleiben sie auch deshalb nicht so lange. Wer möchte schon nach der Hochzeitsreise den ganzen Schrank voll Partnerlook-Mickey-Mouse-Outfits haben? Aber sie sehen alle sehr glücklich und nur ein klitzekleines bisschen albern aus.

Aber ob Koreaner oder Japaner, alle sind sehr auf Sicherheit und Sonnenschutz bedacht. Ohne Badeshirt (langärmelig und auch gern mal mit knöchellangen Badehosen) und Schwimmweste geht keiner in den Pool. Auch zum Volleyballspielen wird die Schwimmweste immer mal wieder getragen. Man weiß ja auch nie – Saipan ist schließlich eine Insel.

So plätschern die Tage in süßem Nichtstun dahin. Wir werden braun – natürlich als Einzige –, bewundern beim Schnorcheln die Unterwasserwelt und sehen Weihnachten gelassen kommen und gehen. Keinerlei weihnachtliche Gefühle wollen sich einstellen. Vor allem dadurch, dass der 24. nicht gefeiert wird und der 25. für uns schon gleich gar nicht mehr wichtig ist. Er zeichnet sich nur dadurch aus, dass die Kellner Nikolausmützen tragen und es noch mehr zu essen gibt. Die Koreaner sind mit sich selbst beschäftigt, die Amerikaner höchstens zu zehnt und die Russen feiern Weihnachten irgendwann im Januar.

Ich für meinen Teil nehme Tennisunterricht und merke, wie viel Zeit man hat, wenn die Kinder sich selbst beschäftigen. Ist ja schon fast wie in Rente. Bin ich depressiv? Nein, vorausschauend! Und echt schlecht im Tennis. Die Tennisstunde ist immer dann zu Ende, wenn ich alle sechs Bälle über den Zaun in die Pampa geschossen habe. Also ziemlich genau nach zehn Minuten. Aber der Wille zählt! Irgendwann werde ich mein Hobby auch mit Holger teilen. Tennis. Tennis wird unsere Ehe beflügeln. Wenn ich mal siebzig und seit gefühlten 360 Jahren verheiratet bin, wird mich ein Reporter nach dem Geheimnis meiner Ehe fragen und ich werde antworten: »Tennis. Und die Tatsache, dass ich meine Schokoladenvorräte immer geteilt habe.«

Hach ja, dieser Urlaub ist schön! Zu unserem Abschied kommen viele nette Menschen mit Geschenken. Ich will glauben, dass sie uns mögen, vielleicht sind sie aber auch einfach nur froh, dass wir wieder gehen. Die Zöllner erinnern sich auch noch an uns und der Passkontrolleur fragt, ob Williams Ohrenschmerzen wieder besser sind. Holger hatte ihn morgens noch beim Arzt kennengelernt, wo er mit seiner Frau zum Impfen saß. Er wiederum hatte Probleme beim Wasserlassen. Na ja, egal, sehr familiär diese Insel jedenfalls.

Umso härter trifft uns Tokio. Fernweh, Heimweh, Kopfweh und ein nach wie vor funktionsunfähiger Kerosinofen erschweren die Freude, wieder hier zu sein. Japanisches Silvester ist auch nicht so wahnsinnig verlockend, denn jeder feiert mit seiner Familie. Wir grillen dafür mit unseren lieben Nachbarn und machen uns gegen Mitternacht auf zum nahe gelegenen Tempel. Die Menschen stehen in ordentlichen, andächtigen Dreierreihen auf der Hauptstraße an, um zum Priester vorgelassen zu werden. Es sei denn, das Handy klingelt, dann kann man schon mal die Andacht unterbrechen. Um kurz vor zwölf wird dann rückwärts gezählt und um Mitternacht gegongt. »Akemashite omedetou gozaimasu«, wünschen sich die Japaner leise. Dann treten sie vor den Priester und spenden Geld. Wir haben weder welches dabei noch eine Ahnung, wie wir uns zu verhalten haben. Ein wenig hektisch tasten wir unsere Taschen ab und Holger findet glücklicherweise noch tausend Yen (ungefähr acht Euro). Wir treten vor und schauen in die strengen Gesichter von vier Mönchen. Ihre Mienen entspannen sich ein wenig, als Holger die tausend Yen zielsicher in einen großen Trog wirft. Aber dann sollen wir natürlich beten. Einer der Mönche erbarmt sich und signalisiert uns, dass wir uns erst verbeugen und dann zweimal klatschen müssen. Das tun wir dann auch, etwas unbeholfen, aber entschlossen und werden alsbald entlassen. Puh. Am Fuße der Abstiegstreppe wird jedem ein großzügiges Schälchen Sake in die Hand gedrückt. Immerhin wissen wir, was wir damit machen sollen.

Dann können wir noch einen Pfeil mit einem Horoskop fürs neue Jahr erwerben. Praktisch veranlagt, wie die Japaner sind, ist auf dem Vorplatz ein riesiges Feuer entfacht worden. Dort kann man, wenn man eine schlechte

Vorhersage erhalten hat, seinen Pfeil gleich ins Feuer werfen. Die guten nimmt man natürlich mit nach Hause. Man kann sogar Dinge von zu Hause zum Verbrennen mitbringen! Alles, was einen im letzten Jahr irgendwie belastet hat. Hätt' ich das gewusst: Rechnungen, unangenehme Briefe, Klassenarbeiten der Kinder – ins Feuer damit! In meinen Taschen finde ich immerhin noch den Einkaufszettel vom Vormittag und da ich mein Hausfrauendasein gern mit weniger Einkäufen erleben würde, werfe ich ihn ins Feuer. Befreiend!

NEUJAHR

Um halb vier kommen die ersten Kinder aus der Schule. Maria sagt, was sie immer sagt: »Ich hab so Kopfweh und ich bin gestolpert und mein Fuß« – wahlweise mein Arm – »tut weh! Ich kann auf gar keinen Fall Hausaufgaben machen!«

Und ich sage ihr, was ich immer sage: »Maria, komm erst mal rein, trink was, iss was. Alles gut.« Auch dieses Mal scheint meine Methode erfolgreich. Sie flitzt zur Nachbarin zum Spielen. Allerdings kommt sie gegen fünf freiwillig (*freiwillig!*) nach Hause. Und weint. Kopfweh habe sie immer noch und ihr Fuß täte so weh. Na gut, irgendwann muss auch eine Rabenmutter mal nach dem Rechten sehen und so schicke ich sie ins Bett. Fühle den Kopf (nicht heiß) und gucke mir den Fuß an. Da trifft mich fast der Schlag. Der Knöchel ist dreimal so dick wie normal, grün und blau. Maria weint. Ich auch gleich.

Die letzten paar Monate haben mir eine gewisse Ortskenntnis verschafft und ich finde tatsächlich schnell ins Krankenhaus. Ich bin ein wenig erstaunt, dass man die Strecke, für die ich beim letzten Mal zwei Stunden gebraucht habe, auch in zehn Minuten zurücklegen kann. In der Ambulanz warten wir mit der halben an Grippe erkrankten Stadt. Es dauert eine Weile, bis Maria geröntgt wird. Da man in Japan alles ganz genau nimmt, wird nicht nur das betroffene rechte Bein durchleuchtet, sondern auch das linke. Logisch, es könnten ja auch beide Beine irgendwie von Natur aus komisch gefertigt sein! Nach weiteren zwei Stunden Warten erfahren wir: Der rechte Knöchel ist gebrochen und muss eingegipst werden. »Come again tomorrow.«

Maria ist zwar froh, dass sie nicht in die Schule muss, aber vor allem total platt von den Schmerzen. Um ihr eine Freude zu machen, fahre ich ohne verloren zu gehen heim. Wir bemitleiden sie alle. Damit ist ihr Lillis Eifersucht gewiss, die sofort anfängt, Dinge außerhalb Marias Reichweite zu platzieren und »Hol's dir doch!« zu rufen, während William begeistert eine der Krücken als Waffe annektiert.

Am nächsten Morgen machen wir uns also erneut auf ins Krankenhaus. Wir kommen in den Eingangsbereich, in dem sich hunderte Mütter und Kinder mit den unterschiedlichsten Gebrechen befinden. Zuerst muss man eine Nummer ziehen. Dann darf man sich an einem Automaten anstellen, an dem man die Karte einsteckt und sie wieder zusammen mit einer Art Telefon mit Bildschirm entnimmt. Dieses Telefon klingelt ab und zu und zeigt einen Text, der einem sagt, wo man erwartet wird. Mein Telefon bimmelt sofort. Ich kann nichts lesen. Doch ich finde jemanden, der übersetzt und mir erklärt, dass wir zum Röntgen müssen. Den Weg kenn ich. Dass Maria noch mal geröntgt wird, ist aus japanischer Sicht unumgänglich. Was in so einer Nacht alles passieren könnte! Zum Glück ist Maria schnell und wir werden entlassen. Das Telefon ist tot. Ich tue einen Rollstuhl für Maria auf, mit dem William sie durch die Menschenmenge schiebt und laut »Ninja!« brüllt. Wir machen uns wieder unvergesslich und äußerst beliebt. Aus Langeweile fahren wir ein bisschen Aufzug. Da klingelt mein tot geglaubtes Telefon. Es zeigt mir an, dass wir irgendwo erwartet werden. Bloß wo? Eine Frau steigt zu. Verzweifelt und mit einem schwachen »Sumimasen« halte ich ihr mein Display unter die Nase.

Die Frau sagt auf Deutsch zu mir: »Ah, Sie sind aus Deutschland.« Wie hat sie das an dem einen Wort erkannt? »Ich habe in Deutschland studiert!«, sagt sie stolz. Ich finde sie auch ganz toll, aber wo muss ich hihin?!

Sie erbarmt sich und erklärt mir den Weg. Der Arzt wartet auf uns. Er spricht kein Englisch, erklärt mir aber mit einer Zeichnung, dass Maria sich das Band samt Knochen ausgerissen hat und sich nächste Woche entscheidet, ob sie operiert werden muss. Die Arme! Ich Arme! Immerhin kürzt er ihr den Gips bis zum Knie. Und entlässt uns mit einem Kontrolltermin nächste Woche.

Das Telefon-Gerät darf ich unten, nachdem ich eine Nummer gezogen habe, wieder in eine andere Maschine stecken und dann gleich bar bezahlen. Vollautomatisch natürlich. Und zum Glück mit Zeichnungen erklärt. Bei Marias Kontrolltermin in der Woche darauf stellt sich heraus, dass der Bruch sehr gut heilt und ihr die OP erspart bleibt. Ich bin aus sehr vielen unterschiedlichen Gründen sehr dankbar.

DAS SHOOTING

Es wird Frühling! Die Kälte lässt nach. Genau jetzt, wo wir entdeckt haben, dass es selbstklebende Wärmekissen für alle Körperteile gibt. Man kann sie in die Schuhe legen und sogar in Fußgips-Öffnungen schieben. Nie wieder kalte Füße! Bestimmt sind die Kissen auch völlig unschädlich und umweltfreundlich. Na gut, sie kommen aus China, man darf sie nicht direkt auf der Haut tragen und sie kosten quasi nichts, aber sie halten doch tatsächlich einen ganzen Tag warm! Und man kann sie im Dreißigerpack kaufen.

Wichtig ist auch bei niedrigen Außen- und Innentemperaturen, dass das Wasser zum Duschen immer schön warm ist. Wir haben da so einen klitzekleinen Schalter im Flur, gleich neben dem Flurlicht, der dafür sorgt, dass das Wasser im ersten Stock warm wird. Wer viele Frauen in seinem Haushalt hat, weiß, wie essentiell warme Duschen für das allgemeine Wohlbefinden und die daraus resultierende Grundstimmung ist. Ist der Schalter umgelegt, leuchtet ein rotes Licht, es wird warm und alle sind froh. Aber heute Morgen beschwert sich Paulina, dass das Wasser kalt ist. Ich, immer um friedliche Stimmung bemüht (vor allem vor meinem ersten Kaffee), eile zum Schalter. Aha, nicht rot, schnell umgelegt und dem Kind beruhigende Worte zugerufen. Kind ist beruhigt. Ich wundere mich, wer wohl immer diesen Schalter ausmacht. Wahrscheinlich aus Versehen? Dann aber sehe ich, wie Holger die Treppe runterkommt und im Vorbeigehen aus dem Handgelenk das rote Licht wieder ausmacht.

»Hee, warum machst du das Wasser kalt?«, frage ich ihn.

Er schaut mich ein wenig erstaunt an: »Wasser kalt?« Gut, mit dem Sprechen hapert's wohl noch ein bisschen.

»Ja, der Schalter da, das Licht, wenn es aus ist, ist doch oben alles kalt!«

»Was? Dieser Schalter ist einzig und allein dafür da, die Außenbeleuchtung einzuschalten. Ich habe mich schon gefragt, wer es lustig findet, ständig das Licht anzumachen! Wie soll denn das gehen, oben und unten getrennt warmes Wasser?« Er zeigt anklagend auf unseren zentralen Wärmeregler und schüttelt den Kopf. Ich glaube, heute ist einer dieser Tage, an denen Holger echt gern zur Arbeit geht und froh ist, dass es dort außer einer Sekretärin nur Männer gibt. Trotzdem schalte ich später zum Duschen das Licht ein. Und siehe da: Wunderbar warm kommt das Wasser aus der Brause.

Auf dem Heimweg vom Kindergarten spricht mich ein Model-Scout an. Nicht meinetwegen, nein, wegen William. Er will ein Fotoshooting mit ihm machen. Abends führen Holger und ich eine lange Unterhaltung darüber, ob wir unseren armen Sohn wirklich dem harten Modebusiness aussetzen wollen. Wir finden eigentlich nicht. Aber die Mädels sitzen uns im Nacken, die, wenn sie schon selbst nicht entdeckt wurden, wenigstens ein bisschen an Williams Glanz teilhaben wollen. Der Familienrat, den es nur dann gibt, wenn es meinen Kindern gerade passt und der uns immer überstimmt, beschließt also, William soll Model werden. William selbst ist alles schnurz.

Am nächsten Tag gehen also wir zum Casting. Mittags, in einem Teil der Stadt, in dem ich noch nie vorher war. Wenn man ein müdes Kind fotografieren will, dann ist die Mittagszeit ein super Zeitpunkt. Wir fahren mit dem Aufzug in einem unscheinbaren Wohnhaus nach oben. In einem Vorzimmer drängen sich vor allem amerikanische blonde Mamas mit ihren blonden oder rothaarigen Kindern (die asiatischen Vorlieben sind ziemlich eindeutig). Hundert Kinder brüllen und ihre Mütter zupfen und zerren an ihnen herum. Ich will hier raus! William auch. Aber wir waren zwei Stunden hierfür unterwegs.

William sagt: »Bye-bye!« Eine Frau sagt: »Williamu Chudsenlaobu!« Zu spät. William soll gemessen werden. Das ist schwierig, denn er hat da diesen Mechanismus. Kaum bittet man ihn, sich hinzustellen, klappen seine Füße einfach ein. Wir probieren es eine Minute und dann geben wir auf. »About ninety centimeter«, ruft die Frau und irgendjemand reicht uns ein Outfit. Unter Protest zieht William es an. Vor ihm ist noch ein Baby-Zwillingspaar dran, sie schreien aus vollem Hals. Mein Sohn stimmt freudig mit ein. Die netten Fotografen/Assistenten/Ankleidedamen tröten durch Tröten und winken mit Handpuppen. William heult nur umso lauter. Die Schlange der blond gelockten Kindermodels hinter uns wird länger, die dazugehörigen Mütter atmen hörbar aus, ich transpiriere. Ich brauche genau drei Minuten, um aufzugeben. Wie bin ich denn überhaupt hier gelandet? Als ich

William vom Boden aufklaube und ihm sage, dass wir gehen und er seine eigenen Kleider wieder anziehen darf, sagt er: »Fotos machen ist ein Arschloch!« Auch wenn ich Kraftausdrücke grundsätzlich ablehne, kann ich ihm in diesem Fall nur beipflichten.

Tränenverschmiert, strubbelhaarig und in meinen Arm gekuschelt ist William wieder froh und deshalb macht der Fotograf doch noch ein paar Bilder, nur für sich selbst, weil er meinen Sohn sooo »kawai!!!« (süß) findet. Beim Abschied sagt die Agenturtante, dass William seine Sache echt gut gemacht habe und bestimmt genommen würde. Ich frage mich, wo sie wohl hingeschaut hat, und denke nur: Bloß nicht! Mein armes Kind! Allerdings kann ich nur schwer verdrängen, dass ich am Tag zuvor bereits zu einem »richtigen« Shooting für einen Modekatalog zugesagt habe. Da kann ich auf gar keinen Fall allein hingehen. Holger muss mit. Zu allem Überfluss findet das Shooting auch noch in einer anderen Präfektur statt, neunzig Minuten außerhalb von Tokio. Zum Glück willigt mein Mann ein, uns zu begleiten. Als wir mit einiger Verspätung dort ankommen, werden wir natürlich schon erwartet. Das andere Model, Alison, ist bereits in ihr liebreizendes Outfit geschlüpft. Sie ist klein und dick, hat aufgedrehte rote Haare und ist sehr amerikanisch. Genau wie ihre Mutter. Als William ihrer ansichtig wird, startet er sogleich eine Charme-Offensive: »Bye-bye!« Ich ahne Schreckliches.

In einem großen Model-Bus ziehen wir unter Protest das erste Outfit an. Es ist sehr eng und sehr, sehr klein.

William sagt: »Das Hemd hat mich gehauen!« Ich weiß genau, was er meint.

Der Hut passt auch nicht, aber egal, er will eh nicht aus dem Bus aussteigen. Alison räkelt sich derweil an einem alten Fass und spricht nach, was ihre Mutter vorsagt: »Hamburger, hihihihi, Cheeseburger, Who-is-daddys-girl.«

William staunt mit offenem Mund, ein einsamer Spuckefaden tropft auf sein viel zu kleines, cooles Hemd. Plötzlich erwacht er aus seiner Trance und brüllt »Hambaagaaa«. Alison samt Mutter erschrecken. »Hambaagaaa!« Der Fotograf lässt von Alison ab, was die Mutter nur halb gut findet, und wendet sich William zu. Der hat mittlerweile eine Katze entdeckt. »Miau!«, brüllt er die Katze an. Sie reagiert nicht. »Mi-AU!« Daraufhin kriecht sie unter eine Veranda. Bevor wir es verhindern können, ist William ebenfalls darunter verschwunden. Wir sehen ihn nicht, aber hören ihn: »Mama, was heißt Miau auf Japanisch?« Als er wieder auftaucht, sind die Kleider echt dreckig. Die Japaner lächeln. Wir auch. Ich fange schon wieder an, zu schwitzen. Zum Glück gibt es noch sechs weitere Ensembles, die fotografiert werden müssen, und nach jedem, das wir dreck- und katzenfrei hinter uns bringen, hört man erleichtertes Raunen. Am Ende sind alle Beteiligten fix und fertig. Da der Auftraggeber uns zum Lunch einlädt, verkneifen wir uns das Bier, das wir echt gern gehabt hätten.

NATIONALISTEN

Ich bin auf dem Weg zum Kindergarten so in Eile, dass ich die schwarzen, panzerartigen Lastwagen um mich herum erst nach einiger Zeit wahrnehme. Es sind die dreißig riesigen Fahrzeuge der Nationalpartei, die sich vor allem durch ihren Ausländerhass auszeichnet. Normalerweise sieht und hört man sie nur mit laut gellenden Marschmusik-Parolen vorbeirasen. Da sind sie schon sehr unangenehm. Jetzt stehen sie direkt vor mir. Ich bin in meinem Smart zwischen diesen Monsterlastern eingekeilt, direkt vor einem internationalen Kindergarten und auf jeden Fall Ausländerin. Wobei die Nationalpartei mit bestimmten deutschen Gruppen durchaus sympathisiert, hat man mir gesagt. Im ersten Moment empfinde ich Erleichterung, als sie ihre grauenhafte japanische Marschmusik abschalten, aber was dann kommt, ist noch schlimmer: Der vorderste Fahrer packt sein Mikro aus und brüllt irgendeine Parole. Die anderen Lastwagenfahrer antworten auf die gleiche Art und Weise. Ich rutsche tiefer in meinen Sitz. Dann steigt einer aus. Ich sehe schon die Schlagzeilen vor mir: *Japanische Nationalpartei macht ernst! Erstes Opfer: eine deutsche Hausfrau.* Wobei ich nicht so genau weiß, ob ich es schlimmer fände, als Opfer oder als deutsche Hausfrau bezeichnet zu werden. Sollten sie auf die Idee kommen, an mir ein Exempel statuieren zu wollen, ist mein Plan, die deutsche Nationalhymne zu singen. Entweder sie erkennen mich als Deutsche, finden mich toll und lassen mich laufen, oder sie erschrecken so über meinen Gesang, dass dasselbe passiert. Trotzdem, ich will hier raus! Wie ich hinterher erfahre, wollten die Nationalisten gar nicht zum Kindergarten und erst recht nicht zu mir, sondern zu einem Politiker, der mit dem Nationalisten-Leader in Streit geraten ist. Das zumindest kann ich auf dem Flugblatt erkennen, dass mir der »schwarze Mann« hinter den Scheibenwischer klemmt. Obwohl er mich nicht weiter behelligt, habe ich dann doch ganz schön wackelige Knie. Zu Hause lege ich mich sofort ins Bett und halte still bis zum nächsten Tag, auf dass er besser werde.

Susanne, eine Freundin aus Deutschland, ist zu Besuch in der Stadt. Deswegen hat Holger für uns und ein paar seiner Kollegen einen Tisch in einem Restaurant in Roppongi reserviert. Roppongi ist ein Szenebezirk mitten in der Stadt. Da muss man sich auf einen langen Abend vorbereiten. Also nutze ich die Gelegenheit, mich mal wieder so richtig schick zu machen, sogar mit Absatzstiefeln. Das trau ich mich ja echt nicht oft, denn ich bin damit ein Meter neunzig groß und habe Angst, mir beim Betreten der Etablissements Gehirnerschütterungen zuzuziehen. Aber wir sind ja in Japan, da werden selbst im Restaurant die Schuhe ausgezogen.

Von der U-Bahn-Station müssen wir noch zehn Minuten zum *Gonpachi* laufen. In dem Restaurant wurde übrigens eine Szene des Films *Kill Bill* gedreht. Schon auf dem Weg dorthin kommen uns ziemlich fröhliche Japaner-Grüppchen entgegen. Es ist schön zu sehen, wie gern sich die Menschen freitagabends nach Feierabend haben. Mit Alkohol hat das bestimmt nichts zu tun! Plötzlich erklingt ein Kreischen. »Luuuuusie! Holgarrr!« Ein ziemlich kleiner Kugelblitz kommt auf uns zugeschossen. Das Einzige, was ich sehen kann, ist eine aufwändige Hochsteckfrisur. Meine Ohren klingeln und meine Instinkte schalten auf Kampf oder Flucht, aber es ist nur Satoko, die mit ein paar anderen Müttern aus dem Kindergarten Karaoke singen will. Huch! Die brave, suppenkochende Satoko, jetzt mit einem zwanzig Zentimeter schmalen Schottenröckchen und Schulmädchen-Rüschbluse, die bis zum unteren Rippenbogen ausgeschnitten ist. Satoko sieht aus wie eine auf zwanzig getrimmte 14-jährige, ist aber in Wirklichkeit 32! Als ich mich von ihrem Schrei erholt habe, sehe ich, wie diese eins zwanzig große Person mit Anlauf meinen Mann bespringt und sich an ihn klammert wie ein Äffchen. »Holllgar!« Wir sind alle ein wenig sprachlos, aber das fällt unter ihrem Kreischen gar nicht weiter auf. Bestimmt hat auch sie gar keinen Alkohol getrunken. Wir können auch kaum glauben, dass wir ihr überhaupt über den Weg gelaufen sind – Tokio ist echt riesig und wir haben noch nie jemanden getroffen, den wir kennen. Nachdem wir ihr versprechen, uns nachher noch irgendwo zu treffen (ganz klar), verlässt uns Satoko mit ihrer Horde singfreudiger Damen. Im *Gonpachi* ziehen wir brav die Schuhe aus und falten unsere Beine unter den Tisch. Zu meiner Freude ist das Essen schon vorbestellt. Das macht man als Ausländer hier gern, wenn man mit einer größeren Gruppe unterwegs ist, denn kaum einer kann eine japanische Speisekarte lesen. Deshalb werden die Menüs ins Büro gefaxt und die Sekretärin bestellt dann im Voraus für alle. Zusätzlich gibt es ein »All You Can Drink Menu«, allerdings nur für zwei Stunden. Zum Glück nur! Vor lauter Drink-Menu geht das Essen fast ein bisschen unter, es ist aber unglaublich lecker. Am Ende unseres Zeitfensters sind wir gar nicht mehr müde und der Abend ist noch jung. Also ziehen wir weiter. Wir entscheiden uns für den Club *Muse*, vor allem, weil er nicht weit entfernt ist. Im *Muse* ist es noch leer und die Musik schrecklich. Aber das macht nichts, wir haben ja uns, was kann da noch passieren? Nichts, außer dass ich plötzlich die mir schon bekannte Hochsteckfrisur über die Bar lugen sehe. Ausschließlich die Frisur, dabei hat Satoko an diesem Abend High Heels in Extrahöhe an. Sieht lustig aus, so als ob jemand seine Fellhandtasche auf dem Tresen liegen gelassen hätte. Sie ist umringt von einer Gruppe von jungen Männern; Deutschen, wie sich später herausstellen soll. Offensichtlich hat sie die anderen Mädels nicht mitgebracht. Ich geh vorsichtig hin, um zu vermeiden, dass sie wieder so brüllt. Als sie meiner ansichtig wird, umarmt sie mich stürmisch, fragt aber sofort nach Holger, um dann sofort an mir vorbei und auf ihn zuzuspringen. Offensichtlich hängt sie an meinem Mann. Das meine ich wörtlich.

TATTOOS, ONSEN UND HINA MATSURI

Es ist Hina Matsuri, das Fest, bei dem die kleinen Mädchen gefeiert werden. Dazu tragen sie feierliche Kimonos und werden anschließend fotografiert. Außerdem gibt es rosafarbenen, grünen und weißen Karamell-Puffreis, der auch den großen Mädels sehr gut schmeckt. Ich kaufe also alle Restbestände des Reises im OK-Markt auf. Auf dem Heimweg telefoniere ich mit Kerstin. Das darf man auch in Japan nicht, aber sie hat einen Bandscheibenvorfall und ich muss wissen, wie es ihr geht und was sie so macht und ob ihr langweilig ist und ob sie schon gehört hat … Also, es können maximal Sekunden gewesen sein, da werde ich von einem Polizisten mit Sirene und Megafon angehalten. Zum Glück hat man mich ja mit Tipps für so einen Fall versorgt: den deutschen Führerschein zeigen, kein Japanisch oder Englisch können und rein gar nichts kapieren. Wenn das nicht hilft, wenigstens vorgeben, sich verirrt zu haben. Theoretisch könnte das bestimmt funktionieren, aber leider bin ich die weltschlechteste Schauspielerin. Also packe ich brav meinen japanischen Führerschein und die entsprechenden Sprachkenntnisse aus und ergebe mich meinem Schicksal. Ich spüre, dass der Polizist mich mag. Wahrscheinlich wegen meiner Ehrlichkeit. Außerdem spricht er ungefähr so gut Englisch wie ich Japanisch. Als ich seine Frage nach meinem Beruf nicht verstehe, zeigt er auf sich und sagt: »I policeman, you …?« »Äh, Jane?« Er ist groß, jung und freundlich, lächelt und trägt eine Uniform. Hach. Was ist schon ein Knöllchen gegen einen Flirt mit einem attraktiven japanischen und vor allem jungen Polizisten?

Ich kann ihm das mit Kerstin ja schlecht erklären. Dabei hatte es so harmlos angefangen. Kerstin, Christoph, ihre Kinder und wir alle wollten endlich mal in einen Familien-Onsen gehen. Onsen sind heiße Quellen, von denen es hier viele gibt. Mal groß, mal klein, mal sehr japanisch-puristisch und schön, mal japanisch-amerikanisch, also als Spaßbad daherkommend. Oftmals sind Männer und Frauen getrennt, dann auch gern nackt, und man muss weder Handtuch noch Yukata (ein typisch japanischer Bademantel, der bis über die Knie reicht) mitbringen. Auch kein Shampoo, keine Bürste und kein Handtuch. Sehr angenehm. Was allerdings alle Onsen gemeinsam haben, ist die Tatsache, dass Tätowierungen nicht erwünscht sind. Entstanden ist das, weil die japanische Yakuza ihre Mitglieder tätowiert. Mehr oder weniger flächendeckend, abgesehen von Händen, Füßen und Kopf – also allem, was aus Kleidungsstücken rausschaut. Kein Onsen möchte in den Verdacht geraten, Yakuza einzulassen, denn dann hätten die Leute Angst. Da sie schlecht ein »No Yakuza«-Schild an den Eingang hängen können, verbieten sie halt Tätowierungen. Egal, wie mitteleuropäisch der Mensch und wie belanglos das Tattoo ist, Regel ist Regel. Das ist die erste japanische Umgangslektion. Schlaue Tattooträger sind dann dazu übergegangen, sich großflächige Pflaster aufzukleben. Leider hat das zu dem Verdacht geführt, unter den Pflastern könnten sich nicht nur Yakuza-Tattoos, sondern auch eklige, ansteckende Hautausschläge befinden. Also hängt mittlerweile unter jedem »No Tattoo«-Schild auch ein »No Band Aid«-Schild. Schlecht für Bikiniträgerinnen wie mich, die eine kleine Sonne auf dem Rücken haben. Aber ein Grund, mal wieder shoppen zu gehen. Es stellte sich als extrem schwierig heraus, um diese Jahreszeit einen Badeanzug in meiner Größe zu finden, aber am Ende war ich doch erfolgreich. Auch wenn Holger später behauptete, ich hätte seine Fahrradmontur geklaut, und Christoph charmant sagte, ich sähe aus wie nach einem Triathlon – und das bezog ich durchaus auch auf meine Figur – es *war* ein Badeanzug. Wenn auch mit langen Beinen und Ärmeln. Und später im Onsen sahen wir Menschen (und zwar japanische) sogar in Ballonseide-Anzügen im Wasser sitzen. Ich lag also voll im Trend und beleidigte nicht das etwas konservative japanische Auge. Was natürlich wie immer mein Hauptansinnen ist. Ein wenig eng war mein Triathlon-Teil doch, aber rein optisch mindestens vier Kilo weniger! Man darf bloß nicht so viel atmen und muss hoffen, dass die Nähte halten. Aber das bin ich ja gewohnt.

Da Kerstin Rückenschmerzen hatte, konnten wir natürlich auf keinen Fall die Kinder beaufsichtigen und mussten erst mal ins Freie. Im Onsen schwimmt man nicht. Im Onsen sitzt man. Die Japaner länger, wir eher kürzer, denn uns wird sofort schwindelig und wir kriegen einen roten Kopf. Allerdings, wenn man sich unterhält, fällt einem oft gar nicht auf, wie lange man so vor sich hin gegart hat. Das merkt man erst beim Aufstehen. Sake trinken ist auch sehr üblich im Onsen. Außerdem hat man gern einen kalten Waschlappen zur Kühlung auf dem Kopf.

Unser nächstes Ziel war ein Sitzbad, bei dem man in einer Schlange anstehen musste. Dann durften zwanzig Leute in einem runden Raum um ein Becken Platz nehmen und ihre Füße darin baden. In der Mitte stand eine Fotografin. Im Wasser schwammen hunderte kleine Fische. Diese Fische sind sehr hungrig und lieben es, Hornhäute und Hautschuppen abzufressen. Ein super ekliges Gefühl, sieht aber lustig aus. Offensichtlich wollten die Fische gern mal ausländisch essen gehen, denn wir standen sehr hoch im Kurs. Die Kinder fanden es total witzig und ich musste mich schwer konzentrieren, nicht als schlechtes Beispiel voranzugehen und in den Pool zu brechen. Ich hab halt auch meine Grenzen.

Am allerbesten fand ich den Themenbereich. Da gab es einen Grüntee-Onsen, einen Kaffee-Onsen und am allerschönsten: einen Rotwein-Onsen. Selbstverständlich war das Wasser rot, roch superkünstlich nach Trauben und plätscherte aus einer überdimensionalen Weinflasche auf uns herab. Da blieben wir, bis wir gar waren. Was für ein Tag! Leider hat Kerstin das Autofahren nicht ganz so gut vertragen und konnte sich am nächsten Tag nicht mehr bewegen. Und das Telefonat war quasi ein Notfall, aber so weit geht meine Kommunikations-Pantomimen-Fähigkeit nicht. Ob der Polizist sonst wohl ein Einsehen gehabt hätte?

UMESHO UND IKEBANA

In einem Versuch, so viel wie möglich von der japanischen Kultur in mich aufzusaugen, nehme ich an einem Umesho-Tasting teil. Dabei handelt es sich um so etwas wie eine Weinprobe, nur ohne Wein, sondern mit einem schrecklichen Getränk namens Umesho, das man trinkt und trinkt und trinkt und nicht wie bei der Weinprobe wieder ausspuckt. Dazu schmeckt es einfach zu gut. Und dann hat man eine Meinung dazu. Wenn man noch kann. Ursprünglich war das Ganze ein Geburtstagsgeschenk für Christoph und Kerstin, das wir Nachbarn organisiert haben. Mindestteilnehmerzahl war zehn. Letztendlich sind wir 17 und mehr hätten in die Kneipe auch gar nicht reingepasst. Der Veranstalter ist ein Deutscher, der praktischerweise in eine japanische Destillerie-Dynastie eingeheiratet hat. Auf dem Weg zum Umesho-Tasting kommen wir an einem riesigen Torii vorbei, einem typischen roten Holzportal, das von blühenden Kirschbäumen umringt ist. Was für ein wunderschöner und überraschender Anblick! Manchmal retten mich solche Bilder. Japan ist immer wieder unglaublich! Ich nehme mir vor, unbedingt noch mal bei Tageslicht hinzugehen.

Der Umesho-Sommelier hat uns eine Beamer-Präsentation vorbereitet. Er möchte uns gern vieles erklären, wie zum Beispiel, dass es sich in Wirklichkeit immer um eine Aprikosenart handelt, wenn von japanischem Pflaumenwein die Rede ist. Ich habe Hunger, denke nur an die Häppchen, die zwischendrin geplant sind. Aber vor dem ersten Snack hat der Präsidentinnengatte noch ein paar wesentliche Informationen: Zum Beispiel kann Umesho auf der Grundlage verschiedener Alkoholsorten hergestellt werden, wie Shochu (so was wie Korn), Weizenbier oder natürlich Sake. Letzteres ist selbstverständlich die hochwertigste Basis und wird von der Destillerie seiner Frau benutzt. Außerdem kann man dem Ganzen noch verschiedene Aromen hinzufügen, wie Zitrone, Ingwer (was dann gern heiß getrunken wird) oder Shiso, japanisches Basilikum. Wem's schmeckt.

Vor uns stehen je sechs mittelgroße Schnapsgläser. Wir sollen Farbe, Geruch, Fruchtaroma sowie Abgang beurteilen. Ich stelle fest, dass es bei mir wie mit der modernen Kunst ist: ich bin ein Banause. Entweder ich mag's oder eben nicht. Im Abgang sind jedenfalls alle spitze. Ja, wir sind eine muntere Runde! Vor allem gegen Ende. Die Veranstaltung dauert insgesamt zwei Stunden. Allerdings sind wir vermutlich bei Schnapsgläschen Nummer acht, als wir bei den Sondergeschmacksrichtungen der letzten Verkostung ankommen. Bei Ingwer steigen fast alle aus. Wobei man zu unserer und seiner Ehrenrettung sagen muss: Elf Prozent ist der höchste Alkoholanteil überhaupt. Also, wir spüren gar nichts, bis zum Aufstehen jedenfalls. Wir sind ein wenig wackelig. So im Abgang.

Ein paar Tage später (nachdem der Kater nachgelassen hat), wende ich mich noch einem anderen, sehr wesentlichen Bestandteil der japanischen Kultur zu: dem Ikebana. Ikebana ist eine alte, traditionelle Kunst, bei der es um das

Arrangieren von Blumen und Zweigen in Vasen geht. Das ist echt schwierig! Die Lehrer haben eine lange Ausbildung genossen und dürfen sich dann als Sensei selbst einen Blumennamen geben. Zum Ikebana braucht man passende Gefäße; Vasen oder Schüsseln, und flache Stachelplatten, die man unten in die Vase legt. Ich merke schnell, dass mir das professionelle Vokabular fehlt.

Unser Ikebana findet bei Nienke statt, die schon sehr weit fortgeschritten ist. Deshalb kann sich Akemi-San, die Lehrerin, auch besser um uns hoch motivierte, aber höchst dilettantische Ikebana-Neulinge kümmern. Obwohl Kerstin und Anette schon ein paarmal da waren und, wenn man es genau nimmt, der einzige Dilettant mal wieder ich bin. Akemi-San hat Kirschblütenzweige mitgebracht, die sie liebevoll Jellyblossom nennt. Die Japaner und das R halt. Außerdem etwas Grünes, Hängendes, das ich immer für Unkraut gehalten habe, das aber bei näherem Hinsehen tatsächlich ganz hübsche, kleine weiße Blüten hat, und für jede von uns fünf lila Blumen, deren Name mir unbekannt ist. Wir haben sie aufgrund ihres Aussehens in meinem bisherigen Leben Penisblume genannt und sie war in meinen Vasen nicht erwünscht. Ich schaue Kerstin nicht an. Das hier ist eine ernsthafte Angelegenheit und man muss sich konzentrieren. Warum möchte ich immer in solchen Situationen unbedingt lachen? Vor mir eine Schale, ein Kirschblütenzweig steht in der Luft, das Grüne biegt sich und dazwischen stecken auf unterschiedlicher Höhe zwei Penisblumen, die laut Akemi-San niemals in die gleiche Richtung zeigen dürfen. Die anderen arbeiten konzentriert vor sich hin, sagen »Ah« und »Oh« und finden sogar mein Arrangement schön. Leider habe ich daran nicht wirklich viel selbst gemacht. Mein Impuls bei Blumen ist sonst: Viel! Üppig! Bunt! Und hier lerne ich, »empty space« sei das Wichtigste beim Blumenarrangieren.

Natürlich muss das Gesteck in seiner ganzen Pracht zu uns nach Hause gebracht werden. Leider verrutscht auf dem Heimweg das eine oder andere, doch zum Glück hab ich Nienke dabei und sie bringt rasend schnell alles in Ordnung. Am Ende bleiben noch ein paar Zweige und ein grüner Rest für eine ganz normale Vase übrig. Als Maria nach Hause kommt, bewundert sie mein Werk. Aber eins ist klar: Die Reste-Vase findet sie am gelungensten. Mein Kind! Aber ich hab's versucht. Ehrlich.

BLOND. GANZ BLOND. UND NATÜRLICH HANAMI.

Schlagartig ändert sich in unserer Straße alles. Plötzlich gibt es vor unserer Tür Fotografen, Auffahrunfälle und selbst die Bewohner des Altenheims von gegenüber wagen sich vor die Tür. Der Grund: Wir leben an einer Straße, die komplett von Kirschbäumen gesäumt ist. Und die fangen alle gleichzeitig an, zu blühen. Es ist, wie durch einen rosa Tunnel zu fahren. Was für eine unglaubliche, üppige Pracht. Indes frage ich mich: »Warum haben die denn Zierkirschen genommen?« Da wird der Japaner antworten: »Nun, liebe Lucinde, hier geht es nicht um den Ertrag der Früchte, sondern um das Sinnbild der Vergänglichkeit. Die Blüte ist so kurz wie das Leben. Lasst uns das als Vorwand nehmen, es zu feiern!« *Na gut*, denke ich mir, *dann feiern wir halt.*

Das Fest wird übrigens Hanami genannt. Dazu braucht man auf jeden Fall eine blaue Plastikplane. Man kann nicht Hanami feiern wollen und mit einer normalen Decke oder gar einer *grünen* Plane daherkommen. Das würde das Bild der Kirschblüte auf dem blauem Plastikboden und die Konzentration aufs Wesentliche komplett zerstören! Diese Planen werden oft mit kleinen Pflöcken und Schnüren abgesteckt. Das wiederum finde ich doch ein bisschen speziell. Selbstredend werden vor dem Betreten der Plane die Schuhe ausgezogen. Damit man den besten Platz bekommt, muss man frühzeitig aufstehen und ab acht seine Plane bewachen. Bei meiner morgendlichen

Joggingrunde durch den Komazawa Park ist schon mächtig was los. Die meisten Bewacher tragen Anzug oder Schuluniform, die gehen wahrscheinlich gleich wieder direkt zur Arubeito. Aber nicht nur die blaue Plastikplane ist bei der Kirschblüte unverzichtbar, sondern man darf auch niemals, niemals ohne eine Fünf-Liter-Flasche Sake im Park erscheinen! Egal ob Hausfrau, Banker oder Jugendlicher. Wobei ich gestehen muss, dass ich das Alter nie einschätzen kann. Ich orientiere mich an der Schuluniform, aber das ist beim allgemeinen Modegeschmack hier nicht wirklich zuverlässig. Wie dem auch sei, an Hanami trinkt jeder. Zu viel.

Für uns hat die deutsch-japanische Gesellschaft ebenfalls ein Hanami-Picknick organisiert, im Kinuta-Park. Die Japanerinnen hatten um einen Beitrag zum Buffet gebeten. Ich hatte zwar einen Kuchen gebacken, der war aber noch im Ofen, als wir gehen mussten, weil ich mich um eine Stunde vertan hatte. Katrin hat immerhin Brot gebacken und Kerstin eine Box voll Brownies gekauft. Die Japanerinnen in ihrer unendlichen Höflichkeit beeilen sich natürlich sofort, unsere Organisations- und Essensmitbringfähigkeiten zu loben. Ich schäme mich. Die Japanerinnen haben sich im Gegensatz zu uns mächtig ins Zeug gelegt, Tage vorher gekocht und sehen dabei so entspannt, schön und gepflegt aus, als ob sie gerade aus dem Urlaub kämen. Das ist bestimmt die innere Das-Leben-ist-kurz-Einstellung. Wie machen die das? Und warum kann ich das nicht? Wenigstens möchte ich dann so aussehen!

Also, sie haben gekocht: mit eingelegten Kirschblüten verzierte Reisbällchen, Sushi und Röllchen mit gegrilltem Huhn, Nudeln mit Shrimps, eingelegtes Gemüse mit Sesam, Eierküchlein mit Karottenblättern in Blütenform und andere unglaubliche Dinge.

Wir, die sich bei der Vorbereitung am meisten zurückgehalten haben, haben verdientermaßen den größten Hunger. Jeder von uns bekommt ein kleines Glas Sake, der gar nicht so schlimm schmeckt. Mit dem obligatorischen »Itadakimasu« (guten Appetit) ist das Buffet eröffnet. Ich persönlich finde dieses allgemeine Zieren, wenn's was zu essen gibt, schrecklich. Ich habe keinen Ruf zu verlieren und mache den Anfang. Während wir unsere Fünf-Sterne-Häppchen genießen, strömen die Massen in den Park. Manche nur mit Plane und Bento-Box, andere mit Karren voller Bierfässer und Kisten mit Sake. Da ich ja dem Alkohol abgeschworen habe und so ein Becherchen Sake nicht zählt, bin ich pflichtschuldig empört! Alkohol! Mitten am Tag! Neben uns, unter einem großen Kirschbaum, heiratet ein Paar. Es ist angenehm und verwirrend ruhig.

Am Abend feiert meine Freundin Nienke ihren Geburtstag und wir wagen uns in die Stadt. Satoko hatte die Idee, Nienke vorher ein Haar- und Gesichts-Styling zu schenken. Ich lasse mich anstecken und schmücke mich mit einer blonden Langhaarperücke und schwarzem Cowboyhut. Der Effekt ist unglaublich! Als ich vor unserer Haustür auf eine Freundin warte, kommt unser Nachbar John aus seinem Haus. Ich sage in rauchiger Stimme: »Hallo, John.«

Er antwortet zögerlich: »Hallo?«

Seine Frau fragt eindeutig feindselig: »John, wer ist das?«

Ich fühle mich großartig! In der U-Bahn werde ich begafft und heimlich fotografiert. Ich denke die ganze Zeit, das läge an den Haaren, aber nein, es liegt am Hut! Offensichtlich sieht die Perücke total echt aus. Jeder glaubt, das sei meine echte Haarfarbe. Und so schön glänzend! Muss mich halt von offener Flamme fernhalten, aber was tut man nicht alles für eine Extraportion Aufmerksamkeit? Ich kenne jetzt die ganze Tokioter Szene und ein riesiges Foto von mir hängt in einer Bar hinter der Theke. Ich bekomme mindestens einen ernstgemeinten Heiratsantrag und während ich noch Für und Wider abwäge, ruft Nienke schon: »She is all mine!« Meine Güte, sind die Menschen nett, wenn man blond ist! Gut, keiner versucht, sich ernsthaft mit mir zu unterhalten, aber darauf kann ich auch gut verzichten. Später bespringt Satoko in Ermangelung meines Mannes Nienke, die daraufhin mit ihr vom Barhocker kippt. Will sagen, wir fallen auf. Das Einzige, was mich wirklich irritiert, ist eine Unart, die sich vor allem in den U-Bahnen entwickelt hat und sich in den gut gefüllten Kneipen offensichtlich weiter verbreitet. Ein japanischer Mann, halb so groß wie ich, steckt seine Hand unter meine Achsel und leckt daran. Igitt! Als der gleiche Mann dann später auch noch versucht, seine Hand hinten in meine Hose zu stecken, werde ich wirklich ungehalten. Ich rufe: »Looking yes, touching no!«, packe ihn am Hemd und gucke bedrohlich. Er reagiert nur mit einem dümmlichen Grinsen und bringt mich dazu, meinen Wunsch, für immer blond zu sein, noch einmal zu überdenken.

Das Aufstehen am nächsten Tag, zufällig auch der Ostersonntag, fällt mir ein wenig schwer. Aber zum Glück hat Holger die Ostereier versteckt, das wäre sonst vor lauter Hanami untergegangen. Und die Kinder lassen mich immerhin bis halb neun schlafen. Aber das ist auch das höchste der Gefühle, wir haben schließlich Pläne! Wir wollen nämlich in die Kirche gehen. Maricel, unsere Haushaltshilfe aus den Philippinen, hat uns eingeladen. Sie ist ein Mitglied der Baptisten, unter deren Kirche ich mir rein gar nichts vorstellen kann. Das Einzige, was ich weiß, habe ich von den *Blues Brothers* und das ist auf jeden Fall ein Grund, sich das Ganze mal anzuschauen.

Wir werden freundlich vom amerikanischen Pfarrer begrüßt, der uns sofort all seine anderen deutschen Schäfchen persönlich vorstellt. Die Kinder sind vor allem von den zwei großen Kinoleinwänden beeindruckt, die rechts und links hängen. Natürlich begeistert sich Paulina auch für das große Orchester, das schon die Saiten stimmt. Lilli findet Gefallen an den Glitzerkleidern des Chores und William schläft. Diese Gemeinde besteht aus Menschen aus der ganzen Welt, darunter viele Amerikaner und Kanadier, viele Schwarze, unglaubliche Sänger. Ich muss ein paar Mal Schnupfen vortäuschen, so berührt mich der

Gesang. Paulina auch. Holger auch, aber psst. Schnupfen, er hat Schnupfen! Dann lässt der Pfarrer uns Neue aufstehen und heißt uns willkommen. Die Gemeinde klatscht und Menschen schütteln uns die Hände. Irgendwie überfordert mich so was. Vielleicht lässt sich auch so erklären, dass ich zu der Frau hinter mir prompt »Merry Christmas« sage.

MUTTERTAG UND MEER

Diese Stille! Dieser Frieden! Dieser heiße, frische Kaffee! Die Ferien sind zu Ende und ich genieße die Freiheit. Natürlich liebe ich meine Kinder von ganzem Herzen – besonders, wenn sie in der Schule sind oder schlafen. Aber ich kann keine Rabenmutter sein, sonst hätte ich gestern nichts zum Muttertag bekommen. Seit gestern ist es offiziell: Ich bin eine tolle Mutter! Ich habe von Lilli grüne Kekse (obwohl keine Pfefferminze drin war, haben sie trotzdem irgendwie danach geschmeckt) und ein Gedicht bekommen. Maria hat mir alle Witze aufgeschrieben, die ihr eingefallen sind (weil ich ja schließlich nie was zu lachen habe). Holger hat mir Blumen gepflückt (in Tokio! Das ist äußerst erstaunlich und so romantisch! Vermutlich bekomme ich dafür nichts zum Geburtstag). William hat mir einen Schluck von seinem Trinkjoghurt angeboten und Paulina ist extra aufgestanden, um mit mir zu frühstücken. Das war natürlich Huldigung genug. Ich bin ja auch dankbar.

Wir wollten zur Feier des Tages ans Meer. Wenn man früh losfährt – also so um acht – dann braucht man bis an den schönsten Strand höchstens 45 Minuten. Ab halb neun kann man dagegen schon bis zu zweieinhalb Stunden im Auto sitzen ... Wir hatten aber Glück und saßen kurz vor neun schon am Strand. Zusammen mit ungefähr fünfzig japanischen Familien, die in einigem Abstand zu uns Zelte, Grills und Tische aufgebaut hatten. Am Horizont zogen Containerschiffe vorbei und vor uns versuchten

Kite-Surfer ihr Glück. Friedliche Idylle, die allerdings maximal zwanzig Minuten anhalten konnte. Nachdem wir fünf Minuten lang alles aufgebaut, zehn Minuten Muscheln gesammelt und das Wasser für zu kalt zum Baden befunden hatten, waren wir genug erholt und somit bereit, uns umzuschauen. Ein kleines Fischerboot mit einem riesigen Netz war gerade angekommen. Sie hatten ihr Netz in einem großen Kreis so ausgelegt, dass die Familien am Strand sich wie beim Tauziehen jeweils ein Ende der Netzschnur schnappen und es langsam an Land ziehen konnten. Wir hatten das Prinzip durchschaut. Alle japanischen Familienmitglieder (natürlich mit Handschuhen, Sonnenhüten, Gummistiefeln und Schwimmwesten – bei 25 Grad) zogen voller Vorfreude an den zwei Netzenden, um gleich ihren persönlichen, aus dem Netz gepflückten Fisch auf den vorgeheizten Grill zu legen. Die Aufregung stieg. Leider waren es nicht allzu viele Fische. Aber es hätte sicher für jeden gereicht, wenn nicht zwei dunkelblonde Mädchen nach Leibeskräften versucht hätten, so viele Fische wie möglich aus dem Netz zu befreien und wieder ins offene Meer zu werfen. Nach und nach erstarrten die Japaner in ihrem emsigen Tun und schauten fassungslos auf unsere Töchter. Es war wieder einer dieser Momente, in denen wir mit einem gequälten Lächeln und unter ehrerbietigem Kopfbeugen schnellstmöglich den Rückzug antreten mussten, natürlich unter empörten Protesten von Lilli und Maria, die ab jetzt Vegetarier sein wollten.

William entdeckte auf dem Rückweg am Strand entlang getrocknete Algen, die seiner Meinung nach so aussahen wie Nori, und er steckte sie sich kurzerhand in den Mund. Es dauerte 15 Minuten, bis er sie klein gekaut hatte. Nur als er davon noch ein bisschen Proviant mit nach Hause nehmen wollte, setzte ich – gegen den Willen von Holger, der's auch lecker fand – dem Ganzen ein Ende und verbat beiden auch gleich noch, auszuatmen.

Und jetzt, Montagmorgen, allein hier in meiner Küche mit Kaffee und Computer, finde ich es so richtig schön, eine so große Familie zu haben.

WIR SIND VIERZIG!

Ich werde vierzig. Wenn ich gewusst hätte, wie unspektakulär Vierzigwerden ist, hätte ich mich vorher nicht halb
so schlimm gegruselt. Das hätte mir Holger ruhig vor
drei Jahren schon mal sagen können, als es bei ihm so
weit war. Eigentlich könnte man meinen, Holger sei
wesentlich jünger als ich, denn die Nacht zu meinem
Geburtstag verbringt er hüpfend und eine Unterhose
schwingend in unserem Ehebett zu. Das klingt aufregend,
aber in Wahrheit ist es mal wieder ganz anders: Die
Familie schläft friedlich und still. Dann plötzlich dringt
ein nur für die Ohren eines gewissen Herren in den
besten Jahren hörbarer, irritierender Ton an sein Ohr:
»Iiiiiiiiiieeeeeeeeeeeeeee!« Der Mann schlägt um sich,
trifft dabei seine Frau, die sich »wasnlosspinnstdu« mur-
melnd auf die andere Seite dreht. Doch das Geräusch ist
noch da, wie der Mann feststellen muss, als er sein langsam ergrauendes Haupt auf das Kissen betten will:
»Iiiiiiiiiieeeeeeeeeeeeeee!« Er springt auf, schaltet »DichkriegichduMonster!« schreiend alle Lichter an, hüpft aufs
Bett, schnappt sich seine Unterhose vom Stuhl und
erschlägt die Schnake, die daraufhin kläglich ihr Leben in
den Falten von Schiessers Doppelripp aushaucht. Seine
bis dahin neben ihm liegende und ihre verdiente Nacht-
ruhe mehr oder weniger genießende Frau erschreckt bei
Licht, Geschrei und haarigem Männerfuß neben ihrem
Kopf dann doch ein bisschen. Der Mann lässt sich nach
vollbrachter Schnakenmeuchelei ermattet in die Kissen

sinken. Ruhe und Frieden kehren ein. Sechs Minuten lang. Dann plötzlich: »Iiiiiiiiiiieeeeeeeee!« Die Schnake hat Geschwister! Also wieder: Licht – Unterhose – »DichkriegichduMonster!« – Frau: Decke über den Kopf.

Am nächsten Tag haben Holger und ich tiefe Ringe unter den Augen. Ich bin sogar zu müde, um über Scheidung nachzudenken. Tja, so ist das bei uns, wenn mein Mann die Unterhosen schwingt. Aber da mein Geburtstag ist, sind alle froh und wohlgelaunt. Ich bekomme viele Geschenke, von denen ich immerhin eines selbst auspacken darf. Toll! Da ich dummerweise an einem Donnerstag Geburtstag habe und man ja einen Vierzigsten nicht einfach so ignorieren kann, haben wir ein Fest für Freitag organisiert. Mit vielen sehr internationalen Leuten, die ich alle letztes Jahr noch nicht kannte. Japan, Deutschland, Korea, Indien (unsere neue Nachbarin kommt sogar im Sari), Amerika, alles ist dabei. Dementsprechend spannend ist auch das Buffet. Plötzlich klingelt es an der Tür. Als ich aufmache, stehen dort acht mir völlig unbekannte junge Männer und singen *Happy Birthday*. Erst denke ich, mein Mann hätte die Chippendales organisiert, um das Unterhosen-Debakel auszugleichen, aber mindestens zwei von ihnen sehen so gar nicht chippendalemäßig aus. Und es fällt auf, dass jeder beim Singen einen anderen Vornamen einsetzt. Später entpuppen sie sich als Holgers Kollegen mit Freunden. Wie es sich für ein rauschendes Fest gehört, kommt am Ende sogar noch die Polizei, die von den japanischen Nachbarn benachrichtigt wurde, weil wir möglicherweise ein winziges bisschen laut waren.

Sie lassen sich aber schnell von unseren japanisch spre-
chenden Gästen mit dem Versprechen besänftigen, dass
wir ab jetzt drinnen weiterfeiern.

Um meine jugendliche Kraft (Vierzig sind die neuen
Zwanzig) vollkommen auszuschöpfen, versuche ich mich
am nächsten Tag mal wieder an einer typisch japanischen
Kunst: dem Taiko-Trommeln. Das wird an der deutschen
Schule von einem japanischen Sensei angeboten. Ein bisschen verunsichert bin ich dann doch, als Steffi mir empfiehlt, in Sportklamotten zu kommen und viele Getränke,
eine Pflasterrolle sowie Ohrenstöpsel mitzunehmen. In
der Aula der Schule sind schon ein paar Taiko-Spieler versammelt. Bis auf zwei Japaner alles Deutsche, die sich
hoch professionell Taiko-Trommler-Stirnbänder um den
Kopf gewickelt haben und sehr expertenmäßig auftreten.
Aber egal, schließlich ist es nur gut, mit ein bisschen mehr
subtiler Aggression auf die Trommel zu hauen. Jetzt wäre
es schön, wenn ich auch den Takt treffen würde! Als Laie
muss man viel lernen. Zuerst muss man richtig stehen.
Gegrätscht vor der Trommel. Das kann ich zwanzig Minuten lang, ohne zu weinen, vorausgesetzt, ich bewege mich
nicht. Aber da ich ja trommeln will, muss ich also die
zwei dicken, schweren Stöcke senkrecht über den Kopf
strecken und dann versuchen, meine Schläge denen des
Lehrers anzupassen, was mir ein Lächeln einbringt. Leider ein mitleidiges.
   Ich kann gar nicht so schnell schauen, wie die anderen
ihre Stöcke niedersausen lassen. Ich sag ja auch schon gar

nichts mehr gegen das Stirnband. Im Gegenteil, wenn ich eines hätte, könnte ich vielleicht ein bisschen besser sehen …

Um es kurz zu machen: Ich bemühe mich redlich, aber leider vergeblich. Die anderen sind zum Glück so taktfest, dass sie sich von mir nicht aus dem Konzept bringen lassen. Und sie sind auch nur ein bisschen überheblich, als ich leider meine Trommel nachher nicht allein auf den zum Transport bereitgestellten Karren hieven kann. Meine Arme sind nämlich zu keiner koordinierten Bewegung mehr fähig. Auch das Bier, das ich mir hinterher gönnen möchte, will seinen Weg zu meinem Mund nicht so richtig finden.

Am nächsten Morgen merke ich es immer noch, als mir beim Wimperntuschen plötzlich die Arme auf Ellbogenhöhe stecken bleiben. Es tut noch nicht mal weh, es funktioniert nur nicht mehr. Nachdem ich mir eine eindrucksvolle, quergestreifte Kriegsbemalung zugefügt und mit Mühen wieder abgewaschen habe, gebe ich auf. Ich bin auch ungeschminkt schon ein bisschen spät dran, denn ich bin mit Marias Lehrerin zur Schulempfehlungs-Diskussion verabredet. Dann bekomme ich irgendwie die Autotür nicht zu. Als ich frustriert Holger anrufe, lacht er mich nur so lange aus, bis ich es irgendwie hinbekomme. Eine halbe Stunde zu spät komme ich an und habe Glück. Die Lehrerin ist noch da und gewährt mir Audienz. Alles gut. Für mindestens eine halbe Stunde. Auf dem Heimweg erreicht mich dann ein Anruf von unserer Helferin, die William vom Kindergarten abgeholt hat. Ich höre ihn schon im Hintergrund schluchzen. Er habe sich auf dem Heimweg verletzt und ich solle ihn schnell abholen kommen. Zum Glück kenne ich den Weg ins Krankenhaus mittlerweile gut. Mein armes Kerlchen hat einen fiesen Schlüsselbeinbruch und muss einen Rucksackverband tragen. Um das herauszufinden, muss man acht Röntgenbilder machen. Schlüsselbein, Oberarm, Schulter und Ellbogen – natürlich jeweils rechts und links zum Vergleich, weil man ja nie so genau weiß. Selbstverständlich müssen wir mindestens dreieinhalb Stunden darauf warten. Während der Wartezeit klingelt mein Handy. Holger hat sich leider irgendwie beim Parken mit dem Abstand zu einem Baustellenzaun vertan und deshalb einen Platten. Oooooh, der Aaaaaarme! Ich bin gar nicht der schadenfrohe Typ. Solange ich lache, halte ich das Telefon weit von mir entfernt! Aber abholen kann ich ihn nicht, ich sitze ja im Krankenhaus fest.

Habe ich gesagt, ich fühle mich wie vierzig? Ich muss das entschieden widerrufen. Manchmal fühle ich mich wie siebzig. Und Wimperntusche hin oder her, in diesem Moment sehe ich auch so aus. Wie gut, dass noch eine Flasche Rotwein von der Party übrig geblieben ist!

OOOH SHIMA!

… bedeutet »große Insel«. Oshima (und es ist ganz wichtig, das »O« ein wenig in die Länge zu ziehen) ist tatsächlich die größte der fünf Izu-Inseln. Sie gehört noch zu Tokio, obwohl sie ganz schön weit weg ist. Und genau dorthin machen wir einen Ausflug mit unseren lieben Nachbarn: Katrin und Nikolaus mit ihren vier Kindern und Christine und Hans-Peter mit Mariko und Leonard. Unsere Fähre ist ein Tragflächen-Schnellboot, das nach einer Weile aus dem Wasser aufsteht und in dem man sich anschnallen muss. Dafür ist man aber auch innerhalb von anderthalb Stunden da. Das ist besonders schön, denn das heißt, dass der Fahrradverleih noch offen hat, woran man merkt, dass man mit gut organisierten Leuten unterwegs ist. Hans-Peter zum Beispiel höre ich bei diesem Ausflug das erste Mal Japanisch sprechen. Er kann alles sagen und verstehen, es hört sich gut an und er verletzt dabei keinerlei Etikette! Ich bin so was von beeindruckt. Wir alle bekommen anständige Mountainbikes. Na ja, fast alle. Ich bekomme eines mit Fahrradkorb, aber ohne Gangschaltung, mit improvisiertem Kindersitz hinten. Damit meine ich, dass aus einem weiteren Fahrradkorb zwei Löcher rausgeschnitten wurden, durch die William seine Beine strecken kann. Er findet's lustig. Die anderen finden erst die Mountainbikes cool, später dann die mit den Körben. Egal, wir wechseln sowieso die ganze Zeit und am Ende hat fast jeder ein Rad, auf dem er fahren kann. Ich behalte meines, denn es ist mit Abstand das zweitcoolste.

Nach wenigen Kilometern schläft William dann in seinem Einkaufskörbchen ein und neigt sich gefährlich nach links. Ich kann nicht weiter. Zum Glück hält Holger entschlossen einen völlig verstörten japanischen Kleinwagenfahrer an, indem er sich vor ihn auf die Fahrbahn wirft. Er nennt dem armen Mann, der kein Englisch spricht, den Namen unseres Hotels und schiebt uns beide ins Auto, wo mein Sohn selig weiterschnarcht. Dem Fahrer missfällt offensichtlich beides, aber immerhin fährt er uns ins richtige Hotel und ich bin froh. Holger indes ist nur halb so froh, denn er hat nun unsere beiden Räder. Aber er ergibt sich tapfer seinem Schicksal, fährt mit seinem und schiebt meines nebenher.

Hotel stimmt eigentlich nicht. Wir nächtigen in einem typisch japanischen Ryokan, einer Herberge, in der man in mit Tatami ausgelegten Zimmern schläft. Tagsüber steht da ein niedriges Tischchen mit Stühlen ohne Beine, abends wird alles beiseitegeräumt und die Matratzen ausgerollt. Und die Mahlzeiten, die sie dort servieren, sind unglaublich! Ich zähle die Gänge nicht, aber es sind mindestens zehn. Es gibt eingelegte Gurken, Ingwer und Auberginen, Tempura (frittiertes Gemüse) und Shrimps, Sashimi (rohen Fisch), gefüllten Hummer, Würstchen, Shabu Shabu (eine Suppe, durch die man ein hauchdünnes Stück Fleisch oder Fisch zieht, bis es gar ist. Angeblich macht es dabei ein Shabu-Shabu-Geräusch), natürlich Reis, eine weitere Suppe, einen Nachtisch. Selbstredend bekommt jeder für jeden Gang sein eigenes Tellerchen, Suppentöpfchen mit Stövchen und Schüsselchen. Da ist

Tellerwäscher noch ein Beruf mit Aussichten! Vor jedem von uns steht außerdem eine Art Grillstelle mit einem Töpfchen, in dem eine einzelne Muschel liegt. Oder ist es eine Schnecke? Gedrehtes Haus, fünf Zentimeter lang – wer kann es sagen? Wir essen also so friedlich und leise, wie man es mit fast zwanzig Personen tun kann, als eine der netten Damen, die für unser Essen zuständig sind, voller Stolz mit einem Zahnstocher das Innere der Schnecke/Muschel herausholt. Und es riecht! Sie missdeutet meinen Blick und hält mir aufmunternd ihre Beute unter die Nase. Die Gespräche verstummen. Ich habe keine Wahl. Es schmeckt unbeschreiblich. Also »unbeschreiblich« im nicht ganz so positiven Sinn. Muzukashii desu – schwierig!

Am nächsten Morgen gehen wir sofort zum Strand, der nur ein paar Gehminuten entfernt ist. Nachdem wir uns kurz abgekühlt haben, wird's Maria auch schon wieder langweilig und sie will zurück zum Ryokan, denn ihre Freundinnen Mariko und Philippa sind dortgeblieben. Ich sitze mit Katrin da und genieße die Ruhe. Ich sollte es besser wissen. Es ist die Ruhe vor dem Sturm. Maria erscheint nach kurzer Zeit wieder mit einem Pappkarton. Ich hoffe insgeheim, dass sie Eis für alle besorgt hat, aber eigentlich weiß ich es besser.

Da legt sie auch schon los: Ein Rabe habe eine arme, kleine Katze attackiert und sie habe sie gerettet und sie sei doch noch so klein. Sie wolle sie ja gar nicht behalten, sie hätte sie doch aber retten müssen, oder was ich in ihrer Situation getan hätte? HOOOLGER! HOOOOOLGER!

Okay, ich weiß, wann ich verloren habe. Eigentlich schon beim Anblick der kleinen Katze, aber als Holger anfängt, Zirpgeräusche zu machen, ist alles klar. Wir haben jetzt also eine Katze. Sie ist höchstens drei Wochen alt, völlig verfloht, unterernährt, verängstigt und arm. Wir füttern sie alle zwei Stunden mit der Spritze und mit Milch, haben sie ständig bei uns und sind restlos verliebt. Es werden Patenschaften verteilt, Betreuungspläne für die Ferien aufgestellt und tausend Bilder geschossen. William ist der Einzige, der nicht so wahnsinnig begeistert ist (»Die sagt gar nichts!«). Außerdem hat er Angst, dass sie sein Spielzeug frisst und wir ihn nicht mehr liebhaben. Aber das gibt sich bestimmt. Hoffentlich!

Einen Namen hat der Kater natürlich auch: Shima (für Insel), Ray (für Marias liebsten Freund), Sky (für die blauen Augen) und Hoiger (weil der Tierarzt einen Nachnamen brauchte, Hutzenlaub zu kompliziert fand und meine Schrift nicht lesen konnte). Ich bevorzuge Shima. Und warte drauf, dass er endlich schnurrt.

TADAIMA! ICH BIN WIEDER DA.

Ist wirklich schon ein Jahr vergangen? Ich kann es nicht glauben. In den Sommerferien waren wir wieder in Deutschland. Es war grandios, alte Freunde zu sehen und in einer vertrauten Umgebung zu sein, aber um ehrlich zu sein, habe ich Tokio schon sehr vermisst. Aber mir fällt bei meiner Rückkehr schlagartig wieder auf, wie heiß es in Japan ist. 37 Grad morgens um sechs Uhr sind eine Zumutung. Achtzig Prozent Luftfeuchtigkeit zu viel. Und Moskitos sind in jeder Anzahl immer eine bösartige Dreingabe! So viel wir im Winter hier mit den Zähnen geklappert haben, schwitzen wir jetzt und sehen gar nicht gut aus dabei. Japaner hingegen tragen schwarz, haben lange Ärmel und Beine und schwitzen kein bisschen! Gut, sie fächeln sich ein wenig Luft zu und haben ein kleines Tüchlein zum Gesicht abtupfen, aber wir? Schweiß rinnt vom Kopf, macht hässliche Flecken und komische Frisuren und lässt mich fünfmal am Tag duschen. Ich bin morgens schon direkt nach dem Aufstehen so müde, dass ich mich gleich wieder ins Bett legen könnte. Schon allein deshalb zwinge ich mich abends zum Joggen und bin froh, dass Katrin mitkommt, sonst würde ich noch nicht mal vor die Tür gehen. Wenn man stehen bleibt, fressen einen sofort die Mücken. Das ist immerhin eine Laufmotivation!

Am 10. September ist Herbstanfang, was man ausschließlich daran erkennt, dass alle Schwimmbäder schließen und die Japaner herbstlichere Kleidung tragen. Wir anderen werden dann sehnsüchtig auf abgelassene Pools und leere Brunnen schauen. Das heißt, wir haben jetzt noch genau acht Tage bis zum Herbst und die wollen ausgenutzt werden.

Also, auf in den Pool. Da Kerstin genau wie ich erstens schwitzt, zweitens vier Kinder hat und drittens mit heraushängender Zunge immer wieder nur »haaaeeiiiiß« vor sich hin jammert, gehen wir zusammen. Also zu siebt. Paulina geht nicht mit. Sie ist 14 und da ist man schon ein bisschen zu cool für Schwimmbadausflüge. Außerdem ist es wichtig, traurige Lieder zu hören und das Heimweh ein wenig zu kultivieren, vor allem, wenn man sich drei Wochen vor der Rückkehr nach Japan noch so richtig schön verliebt hat. Sie sitzt dafür so nah an der Klimaanlage, dass ihre Haare verwehen.

Also, wir sind zu siebt. Bevor wir losfahren können, muss ich noch den Griff meines Fahrrades von der Hauswand kratzen. Leider ist der Lenker an die Wand geschmolzen. Man wundert sich ja hier über gar nichts mehr.

Das Schwimmbad überrascht uns mit den Preisen: Schulkinder und Rentner zahlen hundert Yen (bei dem schrecklichen momentanen Kurs ist das ungefähr ein Euro) und Mütter mit kleinen Kindern nur die Hälfte. William an meiner Seite drittelt also meinen Eintrittspreis, denn als »normaler« Erwachsener müsste ich sonst 150 Yen zahlen. Ich kapier's nicht und es ist mir auch viel zu heiß zum Denken, deshalb nimmt mir die junge Lebensretterin am Eingang mit gütigem Gesichtsausdruck den Geldbeutel ab und wirft für mich ein paar Münzen ein. Währenddessen zieht Lilli am Automaten das Rentnerkärtchen. Das hätte sie beinahe den Schwimm-badbesuch gekostet, denn das Kärtchen kann nicht zuge-ordnet werden und verfälscht die Statistik, auch wenn der Preis stimmt. Aber die Dame am Eingang winkt uns sehr freundlich durch.

Am Pool werden wir genauestens inspiziert, bevor wir hereingelassen werden. Alle kommen durch, außer mir. »Please, take your necklace off.« Unter dem aufmerksamen Blick des Bademeisters ziehe ich meine Kette aus. Beinahe hätte ich Kerstin und den Kindern ins Becken folgen dürfen. Beinahe. Aber ein Schritt in die Schwimm-badrichtung, da sagt er: »Oh, and you have a tattoo! Can I see it?« Klar, kann er. Leider muss er, um mir die Bade-erlaubnis mit Tattoo erteilen zu können, erst mit seinem Vorgesetzten sprechen. Es ist mittlerweile 15:15 Uhr. Der Pool öffnet um drei und schließt wieder um fünf. Er kehrt zurück und sagt, dass ich schwimmen darf, aber außer-halb des Pools bitte ein T-Shirt tragen soll. Ich muss mich schwer konzentrieren, nicht die Augen zu verdrehen.

Schließlich kann ich zu Kerstin und den Kindern. Ich muss nicht erwähnen, dass man nicht reinspringen darf? Vermutlich ist das auch besser so, denn der Pool ist nicht tiefer als ein Fußbad und wenn ich auch meinen Oberkör-per benetzen möchte, muss ich mich hinknien. Was für ein Spaß! Die Sonne blendet unglaublich und ich will meine Sonnenbrille aufsetzen. Bevor ich das tun kann, kommt schon der Bademeister und lässt mich wissen, dass das auf gar keinen Fall erlaubt ist. Schon klar. Wo kämen wir denn da hin, wenn hier nicht alles geregelt wäre? Da würden Menschen Sonnenbrillen in Pools tragen! Skandal! Revolution! Weil ich aber gern ein bisschen im Wasser bleiben möchte, schiebe ich die Brille halt auf meinen Kopf.

Mittlerweile hat William Hunger (15:30 Uhr). Selbstredend darf man auf dem Gelände des Schwimmbades nichts essen. Bei der Entscheidung zwischen Schwimmen und Essen wählt er Ersteres. Das ist gut, denn um 15:45 Uhr bläst der Bademeister in eine Pfeife und alle müssen den Pool verlassen. Dabei ist es ganz wichtig, dass man auf gar keinen Fall auf der Abflussrinne am Beckenrand stehen bleibt. An jeder Seite des zehn mal zwanzig Meter langen Beckens positioniert sich ein Bademeister und schaut, ob nicht in den letzten 45 Minuten einer ertrunken ist. Einer macht eine anmutige Handbewegung zum nächsten und ruft dabei irgendwas Japanisches. Ich vermute so etwas wie: »Alles in Ordnung, keine Leiche.« Dann steigt ebenso anmutig eine Taucherin in Bademütze und kurzem Taucheranzug ins Becken. Sie schwimmt am Rand entlang und checkt unter Wasser alle Ab- und Zuläufe. Bei jedem taucht sie auf und sagt etwas. Dann geht sie raus. Eigentlich könnte es ja jetzt wieder losgehen, aber erst muss noch ein weiterer Bademeister zählen, ob noch alle Leitern da sind. Ich schwör's! Er zählt sie!

Es ist jetzt vier Uhr. Kerstin und ich sind mittlerweile fix und fertig. Die Kinder finden zwar das Wasser nach wie vor spitze, aber da man nichts von dem machen darf, was man sonst so im Freibad macht (Handstand, Reiter, reinspringen, tauchen), fangen sie an, sich gegenseitig zu plagen. Wir gehen also. Kerstin sagt, in China müsse man vor dem Schwimmen den Puls messen und Augentropfen nehmen. Mir geht es schon viel besser! Und ab heute dürfen meine Kinder immer tagsüber fernsehen. Ist eh zu schönes Wetter, um rauszugehen.

Die Alternative zum Schwimmbad ist der Wasserpark. Der befindet sich im Komazawa Park und hat die gleichen Öffnungszeiten wie die Schwimmbäder. Wir fahren hin, wann immer es geht. Zum Glück gibt es dort keine Kleiderordnung. Noch besser gefällt mir, dass ich nicht mit ins Wasser muss und sogar meine Sonnenbrille auflassen darf! William liebt diesen Platz. Er besteht aus zwei Springbrunnen, die über ein Flüsschen in einem größeren Bassin zusammengeleitet werden. Von der dritten Seite kommt noch ein Wasserfällchen dazu. William ist glücklich. Hier kann man seine Autos mit ins Wasser nehmen und trifft alle Kotaros, Hirokis und Ryonosukes nach dem Kindergarten. Und ich lese! Es ist Nachmittag, die Sonne scheint und obwohl ich mein Kind betreue, lese ich! Das ist ungeheuerlich! Und währt ein paar Minuten. Denn William will Seifenblasen haben. Die kann man hier ganz unjapanisch in Abfüllmengen von einem halben Liter kaufen.

Nachdem mein Sohn einmal durch die Seifenblasen-Öse gespuckt und keinerlei Blasen hervorgebracht hat, ist seine Geduld erschöpft und er kippt kurzerhand die ganze Flasche in den Springbrunnen. Ich gucke grad nicht hin, denn ich schaue im Normalfall auch nur, wenn jemand brüllt. Aber plötzlich herrscht diese Stille, die lauter ins Bewusstsein dringt als jedes Geräusch. Und auch wenn das Buch spannend ist und niemand brüllt, schaue ich und sehe. Ein Schaumbad. Liebliche Seifenblasen und Schaum so weit der Fluss reicht. Die japanischen Kinder stehen am Rand und erfreuen sich an dem Schauspiel (bilde ich mir ein), die Mütter trocknen hektisch und in keinster Weise erfreut an ihren Kindern herum. Mein Blondschopf, den ich nur vage durch all die Blubberblasen erkennen kann, wirft jauchzend vor Glück Schaum in die Luft und tanzt im Springbrunnen. Aber das Glück währt nur kurz, denn die Parkwächter lassen kurzerhand das Wasser ab. Wie gemein. Nie darf man Spaß haben!

Kotaro, Hiroki und Ryonosuke dürfen leider diese Saison nicht mehr dort spielen. Sie sind alle krank geworden. Die Armen. Ich sage ja, so ein Schluck Seifenblasenwasser ist die beste Medizin. Altes deutsches Sommer-Sprichwort!

WAS SOLL ICH SAGEN?

In Tokio leben ungefähr zweitausend Deutsche. Es versteht sich also von selbst, dass der dritte Oktober gefeiert werden muss. Dieses Jahr hat der Botschafter zur allgemeinen Freude jeden von uns in seine Residenz geladen. Und dazu noch ein paar japanische Ehrengäste und Menschen, die sich gerade in Tokio befinden und gut dabei aussehen, wie zum Beispiel das Lufthansa-Oktoberfest-Team, deren weibliche Uniform ein blau-gelbes Dirndl ist.

Da die Kinderchorkinder der Deutschen Schule die japanische und die deutsche Nationalhymne singen sollen, werden sie im Schulbus dorthin gefahren. Mit dabei sind Lilli und Kerstins zwei singende Töchter. Der Rest meiner Kinder hat keinen Bock. Kerstin und ich fahren separat mit der Bahn zur Botschaft. Bis dahin noch alles unter Kontrolle.

In der Botschaft muss man seinen Pass zeigen, um reinzukommen. Ich zeige meinen Pass. Die Dame an der Passkontrolle schaut ein wenig ungläubig. Ob ich das sei, will sie wissen. Und hält mir das Bild meiner Tochter Maria unter die Nase. Mist! Falscher Pass! Erstaunlicherweise darf ich trotzdem durch. Kerstin lacht. Es wäre immer noch möglich, umzukehren.

Auf dem Hof gibt es Autos zu bestaunen, Kaffee zu gewinnen und man darf sich in einer Schlange einreihen, um in den Garten der Residenz gelassen zu werden. Davor stehen die Chorkinder und warten. In einem langen Defilee gehen wir alle (über zweitausend Menschen) durch die

Eingangshalle zum Botschafter und schütteln ihm die Hand. Der Arme! Ich bin ungefähr Person Nummer 592. Er trägt eine scheußliche schwarz-rot-goldene Krawatte. Daneben stehen noch diverse für den deutschen Staat aktive Menschen. Unter anderem der Militärattaché und Fregattenkapitän samt Frau. Ich kenne beide ein wenig. Aber nur in Zivil! Ich bin so von seiner prächtigen Uniform verwirrt, dass ich seine Frau auf die Wange küsse und damit sehr zur allgemeinen Erheiterung beitrage. Bei der offiziellen Begrüßung! Wie peinlich! Maximal Händeschütteln ist erlaubt. Kerstin lacht.

Es ist noch nicht wahnsinnig viel los. Der Garten der Botschaft ist wunderschön, mit rotem Torii und Teepavillon, Bach und Wäldchen, mitten in Tokio. Um ein bisschen zu flanieren, holen Kerstin und ich uns Sekt, Kaffee und ein Ministückchen Kuchen. Wir plaudern, das Wetter ist schön und die Kinder sind immer noch draußen. So langsam wäre zumindest für mich Zeit für ein Wasser, aber das gibt es leider nicht. Na ja, dann halt einen Weißwein. Neben mir steht eine ältere, äußerst attraktive Japanerin, die ich die ganze Zeit anstarre. Sie trägt ein schwarzes Kleid, das wie eine Ziehharmonika auf- und niederwippt. Wie eine asymmetrische Raupenhülle. Ich spreche sie an (das macht man nicht!) und teile ihr mit, wie schön ich ihr Kleid finde. Auf Englisch.

Sie sagt in perfektem Deutsch: »Das ist Issey Miyake. Kennen Sie Issey Miyake?« Ihre rechte Augenbraue zieht sich nach oben.

Ich straffe mich. »Natürlich kenne ich *Issey Miyake!*«

Sie sagt: »Erstaunlich!«, und begutachtet mich mit dem dazu passenden Blick. Wann habe ich eigentlich das letzte Mal in einem solchen Ton »erstaunlich« gesagt? Ich glaube, ich sollte ein wenig an meiner Arroganz arbeiten.

Schließlich wird das Fest mit dem Kinderchor eröffnet. Danach dürfen zehn auserwählte Mädchen die Kerzen auf einer Riesentorte anzünden. Welche Ehre! Essen darf man das gute Stück übrigens nicht. Nur anschauen. Die Kinder sind begeistert. Überhaupt muss man lange fürs Essen anstehen. Bei den Getränken leider gar nicht, was zu meinem Verhängnis wird. Später dann entdecken Kerstin und ich noch einen Stand, an dem es Cracker gibt. Cracker und Jägermeister. Das ist mein persönlicher, getränketechnischer Todesstoß.

Leider stehen dort auch alle möglichen Lehrer der deutschen Schule, was ich erst auf den zweiten Blick bemerke. Als ich es tue, habe ich sie alle – inklusive Marias Klassenlehrer –bereits geduzt. Peinlich! Er ist ziemlich jung und nett (zum Glück!) und ich hatte schon immer Schwierigkeiten, ihn zu siezen. Unter Alkoholeinfluss ist leider nichts mehr zu machen. Später weiß ich nicht mehr so genau, was ich noch alles erzählt habe. Aber ich weiß, dass ich geraucht habe. Drei(!) Zigaretten, die ich von der Deutschlehrerin abgestaubt habe. Außerdem hab ich mich als Heilpraktikerin geoutet. Super, da habe ich sicher bald viele neue Patienten mit enormem Vertrauensvorschuss! Das Schlimmste aber ist, dass ich keine Ahnung habe, ob ich die Einzige war, die zu viel (und ich meine *viel* zu viel) erwischt hat, oder ob die

Lehrer eventuell auch ein kleines bisschen angeheitert waren. Aber ich hoffe es sehr.

Während ich mich ganz selbstständig unmöglich benehme, räumt Lilli, der mittlerweile langweilig ist, mit ihren Freundinnen alle Werbestände ab. Wir haben jetzt hundert Leuchtstifte, 24 kleine Ritter-Sport-Schokoladen – na ja, sagen wir mal noch 19 – tausend Magnete von Bundesländern, in denen dieses Kind noch nie war, und genauso viele Kugelschreiber. Lilli verteilt unter großem Protest am nächsten Tag die Stifte in der Klasse und ist doppelt sauer auf mich, weil ihre Freundin auf die glorreiche Idee kam, ihre gewinnbringend auf dem Herbstbasar zu verkaufen. Ich frage vorsichtig nach, ob die Lehrer was über mich gesagt haben. Angeblich nicht. Ich glaube kein Wort!

OKTOBERFEST ONEGAISHIMASU!

Wie es sich für eine Schule gehört, feiert die DSTY ein Schulfest. Was liegt also näher, als das Ganze in den Oktober zu legen, es »Oktoberfest« zu nennen und Millionen Kuchen, Würstchen und Liter Bier zu verkaufen? Die Japaner lieben so was. Und wir? Och ... Wir lieben es auch, wenn der Schmerz nachlässt.

Eines ist allerdings merkwürdig: Die geheimnisvolle Torte vom Botschaftsempfang ist wieder aufgetaucht! Nach fast zwei Wochen steht sie plötzlich neben der Bühne in ihrer ganzen künstlichen Pracht. Ich kann nicht feststellen, ob sie aus Plastik oder echt ist. Vielleicht ist sie eine Art Wanderpokal, der zwischen Botschaft und deutscher Schule hin- und hergereicht wird. Ich frage mich auch, warum sie niemals erwähnt wird. Sie steht immer da, auf jedem Fest, ein bisschen im Hintergrund, aber doch ein wesentlicher Bestandteil der jeweiligen Bühne. Niemand spricht über sie. Vielleicht enthält sie Überwachungskameras? Oder hab ich ein bisschen zu viel *James Bond* geschaut?

Zum Glück gibt es viel Wichtigeres auf dieser Welt als mysteriöse Riesentorten. Zum Beispiel Sport! Ich laufe mit Katrin beim »Friendship-Run« mit, der sportlichen Auftaktveranstaltung des Oktoberfestes. Sie und ich, ein paar weitere Deutsche und tausend Japaner über eine Strecke von zehn Kilometern. Eine kleine Unausgewogenheit in der Anzahl, aber hey, wer will nicht gern viele japanische Freunde haben? Der Preis für den schnellsten

Läufer ist übrigens eine Woche Smartfahren. Ich hab ja mal gelernt, dass man immer so laufen soll, dass man sich nebenher noch unterhalten kann. Das ist auf Japanisch allerdings nicht einfach. In der Tat suche ich noch bei Kilometer vier nach dem japanischen Konversations-Modell fürs Wetter. Wobei die Japaner so ehrgeizig sind, dass sie eh nicht mit mir sprechen wollen. Meine Güte, zehn Kilometer sind ja ganz schön lang! Aber wir schaffen es. Und wieder mal total unfair: Die ollen Schreibtisch-Männer laufen kurz mal nett plaudernd ihre Strecke und unsereins droht eine Komplett-Dehydrierung mit anschließendem Kreislaufkollaps bei Kilometer acht Komma fünf. Warum kann es nicht einfach andersrum sein? Auch wenn die Männer danach nicht duschen müssen (»So anstrengend war das doch gar nicht!«), Katrin und ich schon. Da es aber keine Duschen an der Schule gibt, müssen wir eine andere Lösung finden. Zum Glück liegt Holgers Büro nicht mehr als fünfhundert Meter von der Schule entfernt, hat einen tollen, uneinsehbaren Innenhof und einen Gartenschlauch. Luxuriös! Leider sind an diesem Tag vier Handwerker dort, um eine Dusche einzubauen. Praktischerweise haben die Japaner solchen Respekt davor, irgendjemand in irgendeine peinliche Situation zu bringen, dass sie nicht nur alle Rollläden komplett runterlassen, sondern auch noch die Türen von innen verriegeln. Ist das jetzt Rücksichtnahme oder nackte Angst?

Paulina hat ihr eigenes Programm an diesem Tag. Sie soll mit der Schulband drei ihrer Songs spielen. Sie hatte am Tag davor Fieber und das Klavier funktioniert erst quasi während ihres ersten Liedes. Aber mit viel Enthusiasmus und gutem Aussehen kann man zum Glück einiges kompensieren: Pauli trägt eine Art trägerloses Dirndl und erreicht mit ihren hohen Schuhen locker 1,85 Meter, was vielen Menschen sehr, sehr gut gefällt – bis auf ihrem männlichen Erziehungsberechtigten vor Ort.

Beim Fest treffe ich übrigens ein paar der Lehrer vom Botschaftsempfang wieder. Alle sind gewillt, mich weiterhin beim Vornamen zu nennen, keinerlei Anspielungen bei irgendwelchen Elternabenden zu machen und von mir nicht auf meine Kinder zu schließen. Glück gehabt!

Besuch zu haben ist fast immer schön. Es sei denn, es sind diese Kann-ich-nur-mal-kurz-drei-bis-sechs-Wochen-bei-euch-wohnen-duschen-essen-ich-falle-auch-gar-nicht-weiter-auf-Gäste. Bisher war zum Glück erst eine solche Besucherin dieser Art hier und die kannten wir eigentlich gar nicht. Beziehungsweise, Holger dachte, ich hätte sie eingeladen, und ich dachte, er hätte sie eingeladen, weswegen wir jeweils sehr böse aufeinander waren.

Aber dann gibt es noch die Lieben, die nicht nur wegen des Landes, sondern auch unseretwegen herkommen. Die bleiben grundsätzlich zu kurz und unser Heimweh ist danach immer schrecklich. In diesen Herbstferien kommt mein Patenkind Johanna (15), eindeutig Kategorie zwei, und wir wollen unbedingt, dass sie sich wohlfühlt.

Um ihr das ganze Sightseeing-Programm zu geben, fahre ich mit ihr vom Flughafen direkt zum Karussell-Sushi. Ich nutze ihren Jetlag schamlos aus und bestelle ihr neben Thunfisch auch Jakobsmuschel und gegrillten Aal, was sie sehr lecker findet. Außerdem scheint die Sonne, es sind zwanzig Grad und man kann sogar den Mount Fuji sehen. Aber zum Fuji-Gucken hat Johanna keine Zeit, denn Paulina schleppt sie schon auf die Ginza, eine der berühmten Prachtstraßen Tokios. Wie ich hinterher erfahre, ist ihr Ziel eine Niederlassung einer berühmten amerikanischen Kleidermarke, in der sich junge Männer mit nacktem Oberkörper mit unbedarften 14- und 15-jährigen Mädchen fotografieren lassen, während alle miteinander von dem dort zu kaufenden Parfüm bedampft werden. Das geht sofort ins Gehirn und man weiß nie, was das dort für Schaden anrichtet! Wer hat das erlaubt? Was sollen Johannas Eltern denken? Paulina sagt, ich sei spießig. Ich finde, das geht zu weit. Aber die Wegbeschreibung zum Shop hinten auf dem Foto, das sie mitgebracht hat, präge ich mir doch vorsichtshalber mal ein. Man weiß ja nie, wann man demnächst mal wieder zufällig auf der Ginza unterwegs ist, oder?

Danach geht das Programm weiter: erst zum Karaoke, am nächsten Tag die berühmten und echt seltsamen Elvisse in Harajuku angucken (man beachte besonders die ausgefeilten Tanzschritte und die japanische Lock-'n'-Loll-Musik) und dann finde ich, sei es Zeit für ein wenig Kultur. Mal ein Tempel oder ein Schrein. Der Unterschied zwischen Schrein und Tempel besteht übrigens angeblich in der Tatsache, dass am Schrein immer gefeiert und viel Bier getrunken wird. Sehr gern will ich mit Johanna und der ganzen Familie nach Kamakura, einer riesigen Tempelanlage eine Stunde von Tokio entfernt. Dort gibt es angeblich sehr schöne Wanderwege, die einen an einem fast zwölf Meter hohen Buddha vorbei ans Meer führen. Ich war schon drei Mal dort. Ich habe lediglich einen Tempel gefunden und so ein paar kleine Häuschen drumrum. Den Buddha kenne ich nur von Bildern. Dabei ist er wohl so groß, dass man ihn beim Landeanflug auf Tokio aus dem Flugzeug sehen kann. Wie schaffe ich es, so ein riesiges Ding nicht zu finden?

Dieses Mal hab ich mich richtig gut vorbereitet. Ich habe eine Karte mitgenommen. Sogar die richtige. Und, zwecks Orientierung und allgemeiner Bespaßung, meinen Mann. Er muss nicht erst mal Nie-Ohne-Seife-Waschen sagen, um herauszufinden, wie rum man die Karte hält. Außer mir und Johanna ist er der einzige andere Tourist hier, der bisher keinerlei Buddhas ansichtig geworden ist. Er nimmt das aber im Gegensatz zu mir nicht persönlich.

Als Erstes besuchen wir den einzigen Tempel, den ich bei all meinen Besuchen hier finden konnte. (»In Kamakura können Sie 65 Tempel und 19 Schreine besuchen«, sagt mein Reiseführer. »Ha«, sage ich.) Johanna findet es spitze. Meine kleinen Mädels, die sich an dem liebstem Ausflugsziel der deutschen Schule befinden und sich somit super auskennen (»Ach, der Buddha, da war ich schon tausendmal, Mama!«) wissen, wo die Stände mit den glasierten Äpfeln sind. Was ist schon so ein oller Buddha, wenn man zwischen vier und zehn Jahren alt ist und sich stattdessen die Zähne verkleben kann?

Dass der Himmel ziemlich dunkel ist und außer uns vielleicht noch fünf Touristen hier sind, fällt uns am Anfang kaum auf. Aber innerhalb von zehn Minuten zieht ein Taifun mit unglaublichen Wassermassen auf. Im Sprint erreichen wir das Auto. Aber Johanna hat den Tempel wenigstens aus der Ferne gesehen und viel nasser hätten wir nicht werden können. Man muss sich auch an kleinen Dingen freuen, oder? Ein Tempel ist sowieso wie der andere und andere Tempelanlagen haben auch schöne Buddhas!

Am letzten Samstag vor Johannas Abreise wollen wir ausgehen, so richtig in die Stadt, nach Roppongi. Johanna, Paulina, Holger und ich. Ich habe von einem China-Restaurant gehört, das sehr lecker und auch »was fürs Auge« sein soll. Ich dachte, das beziehe sich auf die Speisen und man könne problemlos mit zwei 15-jährigen Mädels dort hingehen. Tja. So kann man sich täuschen. Beim Eintreten sehe ich als Erstes über dem Tisch, der fast den gesamten Hauptraum ausfüllt, einen riesengroßen Penis hängen. Er ist fast zwei Meter lang und ein Gongschläger. Wird er nach hinten gezogen und losgelassen, schwingt er direkt auf eine große Klangschale in Form von … Oh nein! Man reiche mir das Riechsalz. Ich möchte den Mädels die Augen zuhalten oder das Lokal verlassen, aber das geht nicht, denn Holger sucht noch einen Parkplatz und findet uns nie wieder. Oh nein. OH NEIN!!!

Den Mädels ist noch nichts aufgefallen. Wer erwartet so was auch schon? Und zum Glück sitzen wir in einer Nische, mit dem Rücken zum Penis. Puh. Mein Blick fällt auf die Wand gegenüber. Mehrere überdimensionierte Brüste schauen mich an. Johanna öffnet ihren Mund, zeigt dann aber wortlos nur auf das Regal hinter mir. Ich schlucke schwer und drehe mich um. Dort, liebevoll auf roten Deckchen aufgestellt und gut beleuchtet, stehen acht goldene Penisse in verschiedenen Größen. Oh mein Gott! Erst die nackten Männer auf der Ginza und jetzt das! Ich werde sicher sofort nach Johannas Rückkehr meiner Patenschaft enthoben! Aber Dagmar, Johannas Mutter, kennt mich ja gut genug, um mir Johanna anzuvertrauen.

Obwohl ich ihr versprochen habe, mir was Tolles auszudenken.

Inzwischen trifft auch Holger ein. Er lässt sich nieder und bestellt. Dann folgt er meinem Blick. Immerhin lässt er sich zu einem überraschten Hüsteln hinreißen. Jetzt mal im Ernst: Wie soll man denn unter dem Blick von Riesenbrüsten einen Bissen runterkriegen? Holger sagt: »Ich weiß gar nicht, was ihr habt! Mir schmeckt's!«

Am nächsten Morgen aber muss Johanna leider tatsächlich wieder nach Hause. Nicht nur, dass es eine grässliche Tortur ist, zum Flughafen zu fahren. Vor allem ist es teuer. Allein die komischen Zollhäuschen wollen ungefähr sechzig Euro haben, worauf ich vorbereitet war, aber dann kassiere ich noch einen Strafzettel, weil ich zu lange brauche, Johanna zum Gate zu begleiten. 180 Euro! Es ist keine Schande, wenn ich zugebe, dass ich nicht nur wegen des Abschiedes heule. Nur gut, dass Holger derjenige war, der sagte, da könnte ich locker stehen bleiben. Deshalb muss er den Strafzettel jetzt auch bezahlen. Ist ja logisch.

ONIWASOTO! FUKUWAUCHI!

Ich habe hier nicht alles begriffen (freundlich ausgedrückt), aber *Setsubun* ist mir eines der größten Rätsel. Es findet am dritten Februar statt. Mein Sohn William kommt am Tag davor nach Hause und erklärt mir, sie würden morgen im benachbarten Altenheim »bones« auf »goonies« schmeißen. Das hat man davon, wenn man sein Kind in einen internationalen Kindergarten steckt. Ich brauche ein Wörterbuch, um mich mit meinem eigenen Sohn zu unterhalten! Dieses übersetzt »goonies« wahlweise mit »Tütenwein«, »Trottel« oder »angeheuerter Schläger«.

Nicht, dass ich Probleme damit hätte, wenn meine Kinder Knochen auf Tütenwein schmeißen, aber warum gehen sie dazu ins Altenheim? Ich traue mich auch nicht nachzufragen. Schließlich könnte man ja nach fast zwei Jahren Japan erwarten, dass ich weiß, worum es bei *Setsubun* geht. Ich frage also heimlich Holgers Sekretärin Itagaki (bei der ich mich jedes Mal extrem konzentrieren muss, nicht »Itadaki«, also »guten Appetit« zu sagen). Sie erklärt mir Folgendes: Mein Sohn wird nicht »bones«, sondern »beans«, in diesem speziellen Fall geröstete Sojabohnen, auf »Onis« (Dämonen) werfen und dabei rufen: »Oniwasoto! Fukuwauchi!« Übersetzt heißt das »Geh weg, Teufel! Komm herein, Glück!« Dazu essen sie dann »Ehou-Maki« – »glückliche-Richtungs-Röllchen«. Sie müssen dabei unbedingt auch in Glücksrichtung gewandt stehen, die sich allerdings jedes Jahr ändert. Für 2011 ist die Glücksrichtung Süd-Süd-Ost. Ob das besser ist, als im Altenheim Knochen auf Tütenwein zu werfen, weiß ich nicht.

MEIN ZAHNARZT, GEWICHTE UND EINE ERDBEBENÜBUNG

Ich faste. Fasten ist ein weitgreifender Einschnitt in meine persönliche Komfortzone. So einschneidend, dass ich sofort das Denken und Bewegen einstellen muss. Na ja, denken tu ich schon, nämlich permanent an Essen. Ich faste nun seit genau dreieinhalb Stunden, was ich als ziemlich heroischen Akt empfinde. *Und* ich gehe zum Zahnarzt. Man dichtet mir schon ein Verhältnis mit dem armen Mann an. Aber davon sind wir weit entfernt, denn es findet nie irgendeine Kommunikation statt. Da mag manch einer sagen: »Eben! Das ist ja das Gute daran!«, aber ich weise das entschieden von mir. Tatsächlich aber verbringe ich a) mehr Zeit mit dem Zahnarzt als mit meinem eigenen Mann und b) habe ich dort mittlerweile meine eigenen blauen Hausschlappen. Mit Namen drauf. Also vielleicht mag er mich doch ein bisschen. Außerdem verabreicht er mir immer eine Narkose, die dazu führt, dass ich während der Behandlung einschlafe. Vielleicht sollte ich danach aufs Autofahren verzichten, aber wenn ich meine Kinder schon mal fremd betreuen lasse, darf ich das ja auch ein bisschen ausnutzen, oder?

Dieses Mal fahre ich direkt vom Zahnarzt zum Shoppingcenter. Also ins Parkhaus. Sieben Stockwerke Spiral-Auffahrt nach oben und sieben Stockwerke Spiral-Abfahrt nach unten. Da kann man manchmal schon ein bisschen den Überblick verlieren. Ich weiß nicht genau wie, aber auf alle Fälle finde ich mich auf einmal aufwärtsfahrend in der

Abwärtsspirale, eingekeilt zwischen fassungslosen japanischen Kleinbusfahrern. Japaner können mit solchen Situationen nicht umgehen. Ich schon gleich zehnmal nicht. Ich kann weder vor noch zurück, denn von oben will einer runter und unten versperrt mir jemand jegliche Rückzugsmöglichkeit. Mein Wedeln versteht er nicht. Er kann nicht glauben, was er sieht. Von oben wird gehupt. Ich wedele weiter. Nichts. Ich steige aus, um dem Mann hinter mir in irgendeiner Sprache klarzumachen, was ich von ihm möchte. Er drückt auf die Türverriegelung. Ich bin im Begriff, wie ein Kleinkind meine Autoschlüssel auf den Boden zu werfen und ein paarmal drauf rumzuhüpfen. Aber dann würde ich vermutlich verhaftet. Außerdem stehe ich ja immer noch unter Drogen und möchte die Aufmerksamkeit der Polizei nicht unnötig auf mich lenken. Während ich also zu meinem Auto zurückschwanke, bemerke ich auf einmal, dass das Auto hinter mir weg ist. Was auch immer ihn dazu bewogen hat, weiß ich nicht. Rechts und links von mir geht es fünf Stockwerke hinunter. Ich muss mit meinem Auto rückwärts um eine echt enge japanische Parkhauskurve fahren, ohne runterzufallen, und sehe dabei immer noch nicht ganz klar. Aber ich schaffe es.

Nach erfolgreichem Rückzug finde ich zum Glück schnell einen Parkplatz, auf dem ich mich verstecken kann. Nachdem alle von mir gestauten Kleinbusse weg sind, warte ich nur noch, bis mein Kopf nicht mehr rot ist, und steige aus. Jetzt brauche ich erst mal einen Kaffee.

Beim Starbucks bin ich versucht, die Kaffeeverkäuferin mit allen mir zur Verfügung stehenden Gesten auf den großen weißen Fleck in ihrem Gesicht hinzuweisen, lasse es aber sein, weil es ja auch eine ungeschickte Methode sein könnte, einen Pickel abzudecken. Da, wo ich herkomme, würde man in so einem Fall einfach sagen: »Sie hen da ebbes!« Zum Glück habe ich es mir verkneifen können, denn ich stelle fest, dass alle Kellner hier so einen weißen Punkt im Gesicht haben. Während ich noch so sitze und froh bin, dass ich weder beim Kaffeetrinken noch beim Sitzen irgendwelche peinlichen Fehler mache, wird mir als »Gruß aus der Küche« ein rosa Getränk mit Sahne und weißen Schokostückchen überreicht. »Please tly, it's Sakula! Chelly-blossom!« Klar: Der weiße Fleck im Gesicht ist ein Kirschblütenblatt! Wir feiern Sakura, die japanische Kirschblüte.

Meine nächste Station ist das Sportgeschäft, denn mein Mann hat mich zwischendurch angerufen, um mich zu bitten, ihm zwei Hanteln zu kaufen. Die moderne Frau von heute kann natürlich alles bewältigen. Alles, bis auf sechs Kilo auf jeder Seite. Der freundliche Mann an der Kasse bietet mir an, die Hanteln zu meinem Auto zu tragen. Sehr charmant. Selbstverständlich nehme ich an. Leider habe ich vor Aufregung vergessen, wo ich mein Auto geparkt habe. Irgendwo zwischen dem vierten und dem sechsten Stock muss es gewesen sein. Also nötige ich meinen freundlichen Helfer, im sechsten Stock aus dem Lift zu steigen und mit mir Runde um Runde im Parkhaus abwärtszugehen. Da er wirklich gar kein Englisch spricht und mein Japanisch nicht einmal für eine Konversation über das Wetter ausreicht, begnüge ich mich damit, ihn immer wieder anzulächeln und »Sumimasen« zu sagen. Immerhin hat er am Abend eine gute Geschichte von der bekloppten Ausländerin zu erzählen.

Abends erreicht mich ein Anruf meiner Eltern, die gerade Neuseeland-Urlaub gemacht haben. Zum Glück haben sie rechtzeitig vor dem Erdbeben in Christchurch das Land verlassen. Aber natürlich erinnert es uns an die Tatsache, dass wir ebenfalls in einer Stadt leben, in der man immer mit einem großen Erdbeben rechnen muss. Beunruhigt von diesem Gedanken beschließen meine Kinder am nächsten Tag, eine Erdbebenübung in unserem Haus durchzuführen. Die Schulen machen das sowieso regelmäßig. Eine Erdbebenübung im Hause Hutzenlaub geht so: Ein Küchenwecker klingelt und dann muss man gucken, dass man rauskommt. Die Kinder diskutieren erst mal ein paar Minuten, ob die Treppe noch da ist. Lilli entscheidet sich für ja und nimmt sich ein Eis mit raus. Maria und Paulina versuchen, das Haus über Marias Zimmerfenster im ersten Stock zu verlassen. Maria klettert auf das Vordach und über den relativ dünnen Baum nach unten. Paulina versucht es ebenfalls und schafft es immerhin aufs Vordach. Doch der Baum ist eindeutig höchstens für japanische oder Marias Körpermaße gemacht. Während sie versucht, sich am Vordach herabzuhangeln, kommt unser Nachbar Nikolaus vorbei und fragt, ob sie vielleicht eine Leiter haben möchte. Sie möchte nicht. Lieber möchte sie wieder durchs Fenster ins Haus. Gut. Da ja aber die Treppe nicht mehr da ist, sitzt Paulina nach wie vor oben fest. Das hindert Maria nicht daran, nach oben zu laufen, denn nach oben ist die Treppe intakt. Die beiden versuchen es auf der anderen Seite über das Schlafzimmerfenster. In erprobter Manier schickt Paulina ihre kleine Schwester voraus. Unter unserem Schlafzimmerfenster ist ein kleiner Erker, auf den Maria klettert. Allerdings ist er selbst ihr zu hoch zum Runterspringen und einen Baum gibt es dort nicht. Schade, dass sie vorher die Leiter nicht angenommen haben, denn Maria kommt nicht mehr ins Zimmer zurück. Lilli und William beobachten das Geschehen und fachsimpeln von unten. Paulina kann natürlich Maria auch nicht im Stich lassen und seilt ihr einen Hocker aufs Vordach ab. Bis Lilli die Leiter ausgeliehen hat, kann sich Maria immerhin hinsetzen. Zum Glück für uns alle kommt es aber nicht so weit, denn Maria schafft es, mit dem Hocker so nah ans Fenster zu kommen, dass wir sie reinziehen können. Und den Hocker auch. William und Lilli klatschen Beifall.

Irgendwie beruhigt mich diese Übung nur minimal, denn während ich hier sitze, bebt die Erde. Nur ein wenig, aber spürbar.

Die Kinder sind in der Schule in Yokohama, Holger hat Geschäftsbesuch aus Deutschland, William ist im Kindergarten und ich bin zu Hause. Ich war gerade laufen und will duschen gehen, da fängt es an. Wir sind alle an die kleinen Erdbeben gewöhnt. Es wackelt oft ein bisschen, besonders nachts.

Dieses Mal ist es anders. Es hört nicht auf. Im Gegenteil, es wird immer stärker. Die ersten Bücher fallen aus den Regalen, jetzt wird es ernst. Die Japaner warten schon seit siebzig Jahren auf das Eine. Das Große. Ich muss raus, raus aus dem Haus. Ich nehme nur das Nötigste mit: Geldbeutel, Handy, eine Flasche Wasser. Draußen besteht die Gefahr, von splitternden Glasscheiben und herabfallenden Kabeln getroffen zu werden. In Japan sind alle Leitungen überirdisch; sie werden auf Pfosten an den Straßen entlanggeführt. So viele und so dicht, dass man manchmal kaum den Himmel sieht. Aber die Pfosten halten und die Leitungen bleiben oben. Zum Glück teilen wir uns mit den Nachbarhäusern eine kleine Gemeinschaftswiese, auf der es einigermaßen sicher ist. Dort treffe ich meine völlig verängstigte Nachbarin. Sie war im Auto unterwegs, zwei ihrer Kinder sind zu Hause, das andere im Kindergarten. Die Erde bebt so stark, dass wir uns auf den Boden setzen müssen. Es ist, als würde man versuchen, in einem Schwimmbad auf einer Luftmatratze zu stehen. Gleichzeitig rechnet man fast damit, dass sich ein riesiger Spalt auftut und alles verschluckt. Man hört das Geschirr in den Häusern aus den

Schränken knallen. Mein erster Gedanke: *Bitte lass die Brücke über den Fluss ganz bleiben; das ist die einzige Verkehrsverbindung zu meinem Mann und meinen Kindern.*

Es bleibt gespenstisch still, bis die Sirenen einsetzen. Autos stehen kreuz und quer, überall sind Menschen auf den Straßen. Die Telefonleitungen sind zusammengebrochen. Ich kann weder meine Kinder noch meinen Mann erreichen. Ich würde gern meinen Sohn abholen, aber an Auto- oder Fahrradfahren ist nicht zu denken. Außerdem wüsste ich auch nicht, wo ich hinfahren sollte, denn unsere Haushaltshilfe Maricel war erst kurz vor dem Beben zu Williams Kindergarten aufgebrochen.

Langsam wird es ruhiger und wir gehen wieder in die Häuser. Erstaunlicherweise funktioniert das Internet. Über Facebook vernetze ich mich mit den anderen Eltern und Freunden, aber ich kann weder mit meinen Kindern noch mit meinem Mann Kontakt aufnehmen. Wie es wohl in Yokohama aussieht? Besser? Oder vielleicht sogar noch schlimmer? In den Internetnachrichten tauchen die ersten Meldungen auf, aber wir erfahren nichts über die genaue Stärke des Bebens oder über die Folgen. Es wird gesagt, dass das Epizentrum vor der Küste der Präfektur Miyagi und somit ungefähr 370 Kilometer nördlich von Tokio läge. Wie stark mag es dort wohl gebebt haben?

Die Erde beruhigt sich nicht. Das Beben wird wieder so stark, dass wir das Haus erneut verlassen müssen. Die Nachbarskinder aus der nahen internationalen Mädchenschule können abgeholt werden. Weinend und blass kommen sie nach Hause. Zum Glück ist keines verletzt.

Es macht mich fast wahnsinnig, dass ich immer noch keine Nachricht von meinen Kindern habe. Irgendwann halte ich es nicht mehr aus und entscheide mich, Maricel und William zu suchen. Mit dem Rad, für den Fall, dass die Straßen blockiert sind. Was zum Glück nicht der Fall ist. Ich komme durch. Im Park vor dem Kindergarten ist die ganze Gruppe versammelt. Die über vierzig Jahre alten, ziemlich heruntergekommenen Gebäude des Olympischen Parks stehen noch, haben aber mächtig geschwankt. Außer mir sind noch einige japanische Mütter angekommen, um ihre Kinder abzuholen. Sie sind unruhig; auch sie haben noch nie so ein starkes Beben erlebt. Zu diesem Zeitpunkt wissen wir noch nicht, dass es die Stärke 8,9 hatte. Wir schätzen fünf bis sieben.

Die wöchentlichen Erdbebenübungen und Kissenhelme der Schule, die ich bisher immer belächelt und für übervorsichtig gehalten habe, beruhigen mich jetzt ungemein. Nicht nur, dass den Kindern nichts passiert ist, sie haben auch die Aufregung ganz gut überstanden, da ihnen die ganzen Evakuierungsabläufe vertraut sind. Trotzdem sind auch sie emotional mitgenommen und schwanken zwischen total überdreht und sehr ängstlich.

Unser Rückweg auf dem Rad ist unproblematisch. Alle Straßen und Fahrradwege sind frei, kein Haus auf unserem Weg hat sichtbaren Schaden genommen und alle Bäume stehen noch. Ganz anders ist es downtown. Katrins Mann erzählt bei einem kurzen Telefonat von Bränden, zerstörten Straßen und totalem Chaos. Zu Fuß will er sich von Roppongi nach Hause durchschlagen. Das gelingt ihm erst nach mehreren Versuchen. Die Straßen sind verstopft und der Zugverkehr komplett eingestellt.

Die ersten Tsunami-Warnungen treffen gleichzeitig mit den ersten Tsunami-Bildern ein. Unfassbar. Ich bin wie gelähmt. Ich denke an alle, die irgendwo in höheren Stockwerken arbeiten und hoffe immer noch inständig, dass meinen Töchtern auf der anderen Seite des Flusses nichts passiert ist. Zu Hause versuchen Maricel und ich, die Schäden zu beheben. Wir füllen, wie man uns geraten hat, die Badewanne mit Wasser. Sollte die Wasserversorgung ausfallen, hat man auf diese Art und Weise einen gewissen Vorrat zum Trinken, Kochen und für die Klospülung. Das Gas schaltet sich bei Erdbeben zum Glück sofort von selbst ab, seitdem bei dem großen Erdbeben in Kobe 1995 über dreihundert Brände durch Gaslecks ausgelöst wurden. Mittlerweile ist auch der Strom ausgefallen. Alles fühlt sich unwirklich an. Es ist unangenehm kalt geworden und nieselt. Keiner möchte draußen sein, aber drinnen fühlen wir uns nicht sicher. Selbst wenn es nicht bebt, schwankt irgendwie alles. Wir zweifeln an unserer Wahrnehmung. Dieses Gefühl wird uns noch Tage und Wochen begleiten. Dass der Kühlschrank leer ist und wir kein Trinkwasser haben, beunruhigt uns im Moment noch nicht. Naiv glauben wir, dass wir das schwere Beben überstanden haben und die Welt morgen nach dem Aufräumen schon wieder zu ihrem alten Rhythmus zurückkehren wird.

Mittlerweile ist es 17 Uhr. Langsam wird es dunkel. Die Erde bebt immer noch, manchmal mehr, manchmal weniger. Man sieht es an Wassergläsern, man hört es an den

Knirschgeräuschen der Fensterrahmen und man fühlt es in den wackeligen Beinen.

Der Strom funktioniert zum Glück wieder, also haben wir Licht und die Möglichkeit im Internet die Nachrichten zu verfolgen. Das Gas ist immer noch aus. Endlich höre ich von meinem Mann! Holger schreibt mir auf Facebook, dass er mit seinen beiden Kollegen das Büro verlassen hat und sich Richtung Tokio zu deren Hotel aufmacht. Auch dort gibt es keinen Strom. Verkehrschaos überall. Die Brücke ist dicht. Da sein Büro nur zweihundert Meter von der deutschen Schule entfernt ist, denke und hoffe ich, dass er die Kinder bei sich hat. Er wiederum denkt und hofft, dass sie längst mit dem Schulbus nach Hause gefahren sind, und verlässt Yokohama ohne Maria, Lilli und Paulina.

Ich kann nicht glauben, dass er noch nicht mal nach den Kindern geschaut hat und anstatt zu uns in die Innenstadt gefahren ist. Aber ich versuche, meine Energie nicht mit Wut zu verschwenden.

Allein dürfen die Kinder die Schule nicht verlassen. Die Lehrer waren großartig, berichten die Kinder später, ruhig und besonnen. Zumindest nach außen hin. Die Schule ist auf einen solchen Ernstfall mit Decken, Wasser und Keksen vorbereitet. Zur Not würden diese Vorräte auch ein paar Tage halten, aber leider gibt es kein fließendes Wasser, was sich vor allem bei den Toiletten bemerkbar macht. Die Stimmung ist angespannt. Zum Glück empfinden manche das Ganze fast schon als Abenteuer.

Um halb sechs beschließen Katrin und ich, dass William bei ihr bleibt, während ich versuche, ihre und meine Töchter von der Schule abzuholen. Ich fahre los, ohne im Geringsten zu wissen, was mich erwartet. Straße gesperrt? Stau? Ist die Brücke überhaupt noch da? Ich habe Glück, ich bin fast die Erste und Einzige, die in diese Richtung fährt. Ich bin auch die erste Mutter aus Tokio, die an der deutschen Schule eintrifft. Dort gibt es überhaupt keine Kommunikationsmöglichkeiten nach draußen. Weder Telefon noch Internet, also auch keine Möglichkeit, den Eltern zu sagen, dass es ihren Kindern gut geht und dass sie so lange in der Schule bleiben, bis die Schulbusse wieder sicher fahren können. Sie haben auch keinerlei Zugriff auf Nachrichten, deshalb freuen sie sich sehr über mein Erscheinen – eine gute Prognose für den Zustand der Straßen und somit für den Einsatz der Schulbusse! Viele Schüler kommen allerdings aus Downtown und so lange es von dort keinen Hinweis auf den Zustand der Straßen gibt, werden die Busse nicht fahren. Nach dem, was ich gehört habe, die richtige Entscheidung.

Es gibt klare Regeln: Die Kinder dürfen nur mit ihren eigenen Eltern mit, die vielleicht erst in ein paar Stunden durchkommen, ansonsten müssen sie im Schulbus mitfahren. Wann und welche Route er fahren kann, ist allerdings ungewiss. Also bleibt nur, abzuwarten, bis Internet oder Telefon auch hier wieder funktionieren.

Paulina sollte das Wochenende eigentlich mit ihrer besten Freundin Vivi verbringen, deren Schweizer Vater und ihre japanische Mutter gerade beruflich in der Schweiz sind. Da die Schule Bescheid weiß, dass Vivis Eltern nicht im Land sind, dürfte ich ausnahmsweise auch sie mitnehmen, aber Vivi möchte lieber nach Hause zu ihrem Wellensittich. Also lasse ich Vivi an der Schule, wohl wissend, dass die Lehrer auf jeden Fall dafür sorgen werden, dass sie heil nach Hause kommt. Paulina, Maria, Lilli und Friedi, Katrins Tochter, kommen mit.

Als wir uns ins Auto setzen, bebt es wieder. Die Vorstellung von Spalten und Abgründen ist sehr präsent. Wir fahren zurück nach Tokio. Der Verkehr ist auch ohne Strom super geregelt. Die Japaner sind auf diesen Tag schon immer vorbereitet worden. Männer in Uniform stehen an jeder Kreuzung. Zu Hause sehen wir in den Onlinenachrichten die ersten Bilder aus den Präfekturen Fukushima, Myagi und Iwate, da, wo der Tsunami die japanische Küste am härtesten getroffen hat. Die Bilder der überfluteten Stadt Sendai schockieren uns. Man sieht zerstörte Küstenstraßen, schwimmende Häuser und unglaubliche Luftbilder einer Flutwelle, die Autos, Schiffe und Unrat ins Landesinnere trägt. Von zwanzig bis dreißig Toten ist bisher die Rede, aber wer die Bilder sieht und weiß, dass die japanische Küste dort aus sehr engen, steilen Buchten besteht, weiß auch, dass diese Zahlen katastrophal steigen werden.

Es ist halb acht Uhr abends. Es wackelt und wackelt. Wir beschließen, alle im Wohnzimmer zu schlafen, und bauen uns ein Matratzenlager. Wir schauen eine DVD und essen Toastbrot. Milch, Wasser, Eier und Früchte sind in den Läden ausverkauft. Angeblich wurden sie umsonst ausgegeben. Anscheinend kann man auch aus den Getränkeautomaten an den Straßen ohne Geld Getränke ziehen. Ich bin froh, dass ich wenigstens mit den Kindern zusammen bin, und angesichts der Bilder dankbar, dass wir gesund sind und leben. Die Männer der Nachbarinnen sind alle zu Hause angekommen, die meisten zu Fuß. Ein japanischer Freund erzählt später, dass er 15 Stunden vom Flughafen in die Stadt gebraucht hat. Es ist unglaublich, aber alle Wolkenkratzer haben die enormen Schockwellen überstanden. Der neue Fernsehturm Sky Tree, mit 634 Metern der höchste der Welt, hat nur geschwankt, während sich die Antenne des nur halb so großen, alten Fernsehturms Tokio Tower dauerhaft verbogen hat und das Dach der Muza Kawasaki Symphony Hall eingestürzt ist.

Gegen 22 Uhr können die Schulbusse endlich losfahren, begleitet von einigen Lehrern. Erst um drei Uhr morgens werden diese Lehrer wieder in Yokohama sein. In der Zwischenzeit versucht Holger, für sich und seine Kollegen Michael und Frank etwas zu essen zu bekommen, aber die Restaurants sind natürlich alle geschlossen. Schon unter normalen Umständen ist es für Fremde eine Herausforderung, sich in Tokio zurechtzufinden. Allein wären sie heute aufgeschmissen, das weiß ich wohl und sage mir immer wieder, dass Holger vermutlich auch lieber bei uns wäre. Trotzdem fühle ich mich alleingelassen. Holger überlegt, bei ihnen in der Stadt zu bleiben, da er sie am nächsten Morgen zum Flughafen fahren muss, entscheidet sich aber dagegen. Um halb vier ist er endlich zu Hause. Völlig überreizt kann er kaum einschlafen.

Um 4:20 Uhr Ortszeit bebt es erneut mit der Stärke 6,6 und Holgers Kollegen im 43. Stock werden geweckt und evakuiert. Erstaunlicherweise umgehen die deutschen Handys das japanische Telefonnetz und Frank und Michael können Holger erreichen. Mehr als eine halbe Stunde Schlaf war nicht drin. Er fährt sofort los, immer noch in der Hoffnung, sich mit den beiden irgendwie zum Flughafen durchschlagen zu können. Aber sie haben keine Chance. Zwar können sie die Rainbow-Bridge passieren, die Tokio mit Chiba verbindet, wo der Flughafen ist, aber sie werden sofort wieder nach Tokio zurückgeleitet, weil irgendwo auf der Strecke eine Ölraffinerie brennt. Zwanzigtausend Menschen, die im Disneyland auf Chiba waren, müssen dort die Nacht verbringen und können erst am frühen Morgen das Gelände verlassen.

Endlich entschließt sich Holger, wieder zu uns nach Hause zu fahren und seine Kollegen mitzunehmen. Zum Glück, denn ohne Kommunikationsmöglichkeit von ihm getrennt zu sein, ist fast unerträglich für mich. Wir haben Internet, ein Telefon, das über besagtes Internet zumindest nach Deutschland funktioniert, und Platz. Außerdem Wasser und unsere große Wiese. Vielleicht kann Holger nach der durchgemachten Nacht sogar ein paar Stunden schlafen. Immer wieder gibt es Durchsagen in den Straßen und Sirenengeheul. Dass wir nicht verstehen, was sie sagen, macht uns ganz irre. Brennt es? Bebt es wieder? Müssen wir unsere Häuser oder gar die Stadt verlassen? Im Gemischtwarenladen um die Ecke kann ich noch zweihunderttausend Yen abheben (circa zweitausend

Euro). Jeder bekommt nur einen limitierten Betrag, damit alle etwas abheben können.

Wir fühlen uns hin- und hergerissen zwischen dem Wunsch nach Normalität und Panik. Der Himmel ist unschuldig blau und so grotesk es klingen mag, aber wir überlegen uns ernsthaft, den Grill anzuschmeißen. Wir wollen aufräumen, einkaufen, schlafen und so schnell wie möglich wieder zum Alltag zurückkehren. Aber wir lassen es sein, denn die ersten Meldungen über die Folgen des Tsunamis in Fukushima erreichen uns. Die Welle hat die Notstromversorgung der Reaktoren eins bis drei des Atomkraftwerks lahmgelegt und das Kühlwasser verdampft. Der Betreiber TEPCO versucht, mit Meerwasser zu kühlen. Das klingt unglaublich beunruhigend und improvisiert. Der Sicherheitsradius um die Reaktoren beträgt erst zwei Kilometer, dann drei. Am nächsten Tag sollen die Bewohner innerhalb eines Dreißig-Kilometer-Radius evakuiert werden. Allen anderen wird geraten, in ihren Häusern zu bleiben. Ich hätte nie gedacht, dass ich solche Meldungen in einem hoch technisierten Land wie Japan vernehmen würde.

Wir packen vorsichtshalber unsere Rucksäcke und stellen sie vor die Tür. Im Notfall müssen wir innerhalb von Minuten aufbrechen können. Ich versuche zu verstehen, was passiert. Droht eine Kernschmelze? Und was dann? Wird die Regierung tatsächlich versuchen, Tokio zu evakuieren, und wenn ja, wie zum Teufel soll das gehen? Bei unseren Nachbarn tagt der Krisenstab: Wir sind insgesamt drei deutsche Familien plus Holgers Kollegen; zehn

Erwachsene und zehn Kinder also. Entweder fahren alle oder alle bleiben. Laut der japanischen Onlinenachrichten besteht zwar Hoffnung, dass der Reaktor doch noch gekühlt werden kann, aber wir sind so unruhig, dass wir kaum stillsitzen können.

Holger tankt vorsichtshalber das Auto voll. Alles ist ruhig, aber die Schlangen an den Tankstellen werden immer länger. Frank telefoniert mit Deutschland. Eventuell können wir mit einer Firmenmaschine ausfliegen. 18 Plätze gibt es, wir sind 20.

Gegen 14 Uhr kommt die befürchtete Meldung: zwei Explosionen an den Reaktoren eins und drei. Eine Kernschmelze könnte unmittelbar bevorstehen. Die Kühlung des Atomkraftwerkes Fukushima funktioniert nicht mehr.

Dann geht alles ganz schnell. Innerhalb von 15 Minuten verlassen wir unsere Häuser, während 260 Kilometer von uns entfernt der Supergau stattfindet. Der Wind treibt glücklicherweise die radioaktiven Partikel auf den Pazifik, aber er könnte innerhalb kürzester Zeit drehen und was dann? Holger und ich fahren jeweils mit einem Auto. Ich verfluche die Tatsache, dass er gestern Morgen seinen Bus abgegeben hat, damit sein Besuch bequemer vom Flughafen in die Stadt fahren kann, denn da hätten wir alle reingepasst. So sind wir getrennt und können uns nicht beim Fahren abwechseln. Lilli sitzt bei Holger im Auto; bei mir sind Maria, Paulina und William. Etwas Wasser, ein paar Kekse und Windeln, sowie eine kleine Tasche für jeden passen gerade so noch ins Auto. Unterwegs schließt sich noch Susi mit ihren drei Kindern und Hund unserem

Konvoi an. Ihr Mann Stefan arbeitet bei der Botschaft und muss bleiben, aber durch ihn erhalten wir zum Glück genaue Informationen. Zwei kurze Pausen gönnen wir uns auf dem Weg nach Nagoya, wo es den nächsten internationalen Flughafen gibt.

Einer unserer Freunde reserviert in einem der größeren Hotels ein paar Zimmer für uns alle. Eine gute Idee, denn als wir später dort eintreffen, ist alles ausgebucht. Wir treffen viele Bekannte dort. Zusammensein tut gut. Wir haben Holger verloren, doch zum Glück hat er das Auto mit dem funktionierenden Navi und so tauchen die Männer samt Lilli ein paar Minuten später auf. Holgers Firma bietet uns an, uns von Osaka nach Dubai auszufliegen. Aber Osaka ist noch mal knapp zweihundert Kilometer von Nagoya entfernt und wir haben maximal drei Stunden, in denen wir die Tickets holen können. Riskant, weil mein Auto so langsam ist, aber mit viel Glück möglich. Wenn wir uns nicht verlieren. Nach 150 Kilometern wird uns klar: Wenn beide Autos weiterhin Kleinwagen-Geschwindigkeit fahren, kommen wir nicht rechtzeitig an. Aber auf mein Navi ist kein Verlass, die Gefahr ist also groß, dass ich verloren gehe. Was sollen wir tun? Schließlich entscheiden wir, dass Holger vorausfährt und die Tickets holt, während wir versuchen, in Telefonkontakt zu bleiben. Uns ist nicht klar, dass das Telefonsystem bis auf kurze Momente immer noch nicht funktioniert. Eine echte Wahl haben wir aber sowieso nicht. Es ist stockfinster, außer uns ist kaum jemand unterwegs und die Autobahnschilder fliegen an mir vorbei. Kyoto, sehe ich, ist die nächste Ausfahrt.

Plötzlich überkommt mich eine unglaubliche Traurigkeit. Ich habe das Gefühl, Japan zu verlassen, ohne es auch nur ein bisschen kennengelernt zu haben. Ich dachte immer, wir hätten unendlich Zeit dafür.

Mein Navi lenkt mich irgendwann von der Autobahn runter. Holger hat es zwischenzeitlich an den Flughafen geschafft und wir können kurz telefonieren. Er beschreibt mir den Weg, doch Schlafmangel, Dunkelheit und Angst führen dazu, dass wir völlig aneinander vorbeireden. Ich lande in einer völlig unbeleuchteten und dubiosen Gegend, mein Navi schickt mich im Kreis herum. Ich weiß noch nicht mal, ob das überhaupt noch Osaka ist. Alle, die ich frage, sind entweder betrunken, können kein Englisch oder lachen mich aus, als ich den Namen des Flughafens nenne. Das ist der Punkt, an dem ich die Nerven verliere. Ich weiß nicht, wo ich bin oder in welche Richtung ich fahren muss. Ich weiß nur, in 35 Minuten geht der einzige Flug aus Japan, der für uns vorgesehen ist, und ich kann keinen Kontakt zu Holger herstellen. Ich kann nicht mehr denken.

Endstation. Dunkelheit. Panik. Horror. Im Auto drei meiner Kinder, die sich an meine Zuversicht klammern, aber woher soll ich sie in diesem Moment nehmen?

Ich fahre in irgendeine Richtung los, in der Hoffnung, irgendwo auf ein lesbares Schild oder irgendeinen Hinweis auf einen Flughafen zu treffen. Den ersten Menschen am Straßenrand halte ich an und habe Glück. Er spricht Englisch und hilft mir, mein Navi neu zu programmieren. Dabei stelle ich fest, dass ich 63 Kilometer vom Flughafen entfernt und komplett in die falsche Richtung gefahren bin. Mir ist klar, das können wir nicht rechtzeitig schaffen. Holger erreicht mich schließlich auch und wir entscheiden, dass Frank und Michael fliegen, er aber mit Lilli dableibt und wartet. Der Flughafen hatte den Flug so lange wie möglich gehalten, aber wir sind einfach zu weit entfernt.

Völlig übernächtigt kommen wir schließlich um Mitternacht am Flughafen an. Anstatt sich zu freuen, ist Holger sauer auf mich. »Was sollen wir denn jetzt machen?«, fragt er wütend. Ich hätte dringend eine Umarmung oder ein tröstendes Wort gebraucht, oder wenigstens jemanden, der selbst eine Entscheidung trifft. Stattdessen bekomme ich Vorwürfe. Woher soll ich wissen, was wir jetzt machen sollen? Und überhaupt: »Warum hast du nicht auf mich gewartet? Den Bus behalten? Warum hast du mich im Stich gelassen?« Die ganze Verzweiflung und Angst überrollt mich. Im Gegensatz zu uns sind die Kinder ruhig und still. Ich schäme mich.

In Deutschland versuchen die Sekretärinnen alles, um uns doch noch irgendwie aus Japan rauszubekommen. Ein Flug geht am nächsten Morgen um halb neun nach Deutschland, allerdings wieder von Nagoya aus, ein anderer um elf von Osaka nach Bangkok. Holgers Firma möchte, dass er ausreist, aber er hadert, weil er sich auch für seine japanischen Leute verantwortlich fühlt. Ich bin froh, dass er sich diesmal für die Familie und fürs Mitkommen entscheidet. Erst wollen wir nach Bangkok, aber was, wenn wir ein paar Wochen ausharren müssen?

Vermutlich wäre das die bessere Lösung, schon allein, weil wir so erschöpft sind, aber wir können keinen klaren Gedanken mehr fassen und wollen nur nach Hause. Also entscheiden wir uns für Deutschland und dafür, die zweihundert Kilometer nach Nagoya zurückzufahren.

Um es diesmal rechtzeitig auf den Flughafen zu schaffen, müssen wir sofort aufbrechen. Es ist halb eins, als wir uns auf den Weg machen. Nach der ersten halben Stunde verfahren wir uns, wir können beide die Augen kaum aufhalten. Aber die Zeit drängt – jetzt ein paar Stunden in einem Hotel zu schlafen würde uns den Flug kosten. Und diesmal wird es keinen weiteren für uns geben. Von Nagoya aus sind alle Flüge ausgebucht. Wir müssen trotzdem eine Pause machen. 15 Minuten Powernap, tanken, weiterfahren. Eine Stunde halten wir durch, dann schlafen wir wieder 45 Minuten im Auto. Ich sehe, wie Holgers Auto mehrfach über die Fahrbahn schlingert und weiß, Kernschmelze und Erdbeben sind nur eine Gefahr; Übermüdung und totale Erschöpfung eine weitere.

Da wird es langsam hell. Tag zwei nach der Katastrophe ist genauso schön und unwirklich wie der erste. Wieder fragen wir uns, ob wir nicht übertrieben reagieren. Wir können niemanden von unseren Freunden erreichen, um zu erfahren, wie sie sich entschieden haben, wo sie sind und wie sie die Lage einschätzen. Mittlerweile ist auch Holgers Handy tot. Eine weitere Rast und eine Stunde später sind wir am Flughafen. So knapp, dass Holger wieder vorausrennt, um die Tickets zu bekommen. Die Autos lassen wir irgendwo am Rand im Parkhaus stehen. Später werden zwei von Holgers Mitarbeitern sie abholen und nach Tokio in die Zentrale bringen.

Wir schaffen es. Unser Flug geht mit China Air über Peking nach München oder Frankfurt. Ich weiß es nicht so genau. Es ist mir auch egal. Zum Glück treffen wir am Flughafen unsere Freunde wieder. Teilweise haben sie den gleichen Flug, teilweise haben die Firmen gebucht, was sie kriegen konnten. Susi entscheidet sich, in Nagoya zu bleiben und dort auf ihren Mann zu warten, weil die Fluggesellschaften sich weigern, Hunde mitzunehmen. Viele Expats lassen aus diesem Grund ihre Haustiere einfach frei oder bitten Nachbarn, sich zu kümmern. Andere bleiben in Tokio zurück, weil sie ihre Tiere nicht mitnehmen können.

Eine Familie hat nur Kopien ihrer Pässe dabei. Die Originale sind für ein China-Visum in der Chinesischen Botschaft. Eine weitere Familie hat ein vier Monate altes Baby, das noch gar keinen Pass besitzt. Sie können das Land erst Tage später verlassen, nachdem die deutsche Botschaft nach Nagoya umgezogen ist und einen provisorischen Pass ausstellen kann. Bei allen anderen sind die Fluggesellschaften großzügig.

Wir haben nicht geschlafen, nicht gegessen, wir wissen nicht, wie es hier weitergeht. Wir wissen nur, es war die richtige Entscheidung. Die Nachrichten auf der Großbildleinwand aus Tokio und Fukushima sind katastrophal. Alle Firmen haben ihre Mitarbeiter zurückgerufen. Und doch gibt es einige, die bleiben wollen. Müssen. Nicht wegkommen. Ich mache mir große Sorgen und fühle mich elend, weil ich nichts daran ändern kann. Als wir im Flieger nach Peking sitzen, empfinde ich Erleichterung auf der einen Seite, Angst und Sorge auf der anderen. Zu viele liebe Freunde sind immer noch in Tokio. Außerdem wird mir bewusst, wie sehr ich mein Leben in Japan überhaupt liebe.

Wann wir zurückkehren, weiß keiner. Ob überhaupt. Ob es unser Leben dann noch geben wird. Werden wir alle Menschen, die uns in Tokio ans Herz gewachsen sind, wiedersehen? Unsere Sachen haben? Fotos, Briefe ... plötzlich werden Dinge wichtig, die immer selbstverständlich da waren. Wem sollen wir glauben, den eher verhaltenen Nachrichten aus Japan oder den katastrophalen aus Deutschland? Was ist mit unseren japanischen Freunden, die niemanden haben, der ihnen Flüge ins Ausland organisiert? Was ist mit all denen, die wir nicht kennen und die nicht so viel Glück hatten wie wir?

Wir beten für alle.

Später lese ich in der Zeitung, dass sich Japan um 2,4 Meter nach Osten und die gesamte Erdachse um 16 Zentimeter verschoben hat. Außerdem hat sich das Trägheitsmoment der Erde so verringert, dass sie sich seitdem schneller dreht und die Tage um 1,8 Mikrosekunden kürzer geworden sind.

Fast 16.000 Menschen wurden als tot gemeldet, mehrere tausend gelten noch immer als vermisst. 470.000 Menschen mussten in Notunterkünften untergebracht werden. 375.000 Gebäude sind vollständig oder teilweise eingestürzt.

Bis Ende Januar 2012 gibt es in Japan fast sechshundert Beben der Magnitude fünf oder stärker, davon sechs der Magnitude sieben oder stärker. In der Folge der Ereignisse beschließt Japan, alle Kernkraftwerke abzuschalten. Zwei Jahre nach der Reaktorkatastrophe von Fukushima sind wieder zwei von fünfzig Reaktoren in Betrieb und Premierminister Shinzo Abe will leider zur Nutzung der Kernkraft zurückkehren, obwohl noch immer zwei Drittel der Japaner gegen Atomenergie sind und obwohl es immer große Erdbeben in Japan geben wird.

ZURÜCK IN DEUTSCHLAND

Wir sind wieder in der Heimat. Ich kann alles lesen und alles verstehen. Manchmal machen mich Dinge wie lesbare Schilder oder übersichtliche Verkehrsregelungen fast ein bisschen glücklich. Langsam höre ich auf, mich vor allem und jedem zu verbeugen.

Wir haben für die Übergangszeit eine Ferienwohnung in Stuttgart angemietet. Gut, sechzig Quadratmeter zu fünft sind kein Palast, aber schließlich waren Holger und ich auch mal drei Wochen mit den Kindern im Wohnmobil unterwegs und sind trotzdem noch verheiratet. Für den Sommer und wenn das Wetter schön ist, ist die Wohnung auch wirklich super. Es geht schon mal für eine Weile, alle vier Kinder in einem Zimmer unterzubringen und selbst auf der Couch zu schlafen. Allerdings sieht es aus, als ob wir länger hier bleiben müssten. Holger ist zwar nach einer Woche zurück nach Japan geflogen, aber wir dürfen aus Sicherheitsgründen nicht zurück und müssen bis zum Ende des Schuljahres in Deutschland bleiben. Die Kinder haben Schulpflicht, aber es ist gar nicht so einfach, eine Schule und einen Kindergarten zu finden, die nach Ostern neue Schüler aufnehmen. William möchte sowieso am liebsten überhaupt nirgends hingehen. Er lässt sich aber erweichen, als er sieht, wie viele Autos und Bücher es in dem Kindergarten gibt – aus Platzgründen Mangelware in unserer winzigen Wohnung. Lilli geht in die örtliche Grundschule, Maria und Paulina in ein Gymnasium.

In den ersten Wochen bin ich noch fest davon überzeugt, dass wir bald nach Tokio zurückkehren. Ich ziehe noch nicht mal in Erwägung, dass wir hierbleiben könnten. Meine Verbundenheit mit Japan, den Menschen und unserem Leben dort ist zu groß.

Holger pendelt zwischen Japan und Deutschland hin und her. Jedes Mal, wenn er dort ist, hat er das Gefühl, wir sollten alle wieder zurück. Wenn er hier ist, denkt er genau andersrum. Sein Arbeitgeber lässt Holgers Stelle weiterlaufen. Offiziell ging sein Vertrag bis Ende dieses Jahres, allerdings hatte er ihn direkt vor dem Beben um ein Jahr verlängert, damit wir bis 2014 bleiben können und Paulina dort ihr Abitur machen kann. DSTY, so gern würde ich meine Kinder wieder dort sehen, Japan bereisen und nicht von Holger getrennt sein – denn das ist die Alternative zu Japan. Wir würden hierbleiben. Er würde dort leben. Fast zwei Jahre lang.

Und doch: Kann ich mit der Unsicherheit leben? Mit der Tatsache, dass ich meinen Kindern nicht garantieren kann, nie wieder so eine Flucht erleben zu müssen? Dass sie wirklich kein verseuchtes Wasser oder Lebensmittel zu sich nehmen? Mein Japanisch ist viel zu schlecht, um die Herkunft von Nahrungsmitteln auf den Etiketten zu ermitteln.

Am Anfang habe ich gesagt: Wenn wir hier das Schuljahr zu Ende machen müssen, bleiben wir. Wir können es den Kindern und mir nicht immer wieder antun, sich einzugewöhnen und sie dann wieder rauszureißen. Wenn wir hier ein Haus finden würden, das toller ist als unsere

Zweizimmerwohnung, dann bleiben wir. Ich merke, wie ich meine Bedingungen immer weiter ausdehne.

Mein Vater ist neunzig, meine Mutter siebzig. Jede Minute mit ihnen ist mir so kostbar, vielleicht gerade, weil sie uns nicht unter Druck setzen, hierzubleiben. Ich bin dankbar für meine Freunde hier. Aber ich vermisse auch meine Freunde in Japan, mit denen ich in dieser kurzen Zeit eine intensive Freundschaft entwickelt habe. Was ist aber mit den Freundschaften meiner Kinder? Bis auf Paulinas beste Freundin sind alle weg. Kann ich den Kindern noch mehr Schulwechsel antun? Lilli hätte so gern eine Katze. William einen Freund. Ja, meine Kinder gehen wunderbar mit der Situation um. Aber wie lange noch?

Maria hat ihre Fingernägel bis zum Nagelbett abgekaut. Lillis Finger sehen auch nicht besser aus und Paulina ist einfach nur unglücklich. Können Finger und Seelen hier heilen? Oder dort? Ich wünschte, ich könnte mal eben nach Japan fliegen, um mir selbst ein Bild zu machen. Aber das ist betreuungstechnisch nicht möglich. Wir als Familie dürfen erst ab Juli wieder zurück. Bis dahin müssen wir uns aber entschieden haben.

Ich möchte nicht, dass Holger seine Arbeit dort einfach sausen lässt. Sein Verantwortungsgefühl seinen Mitarbeitern gegenüber ist groß. Er kämpft so sehr für seine Leute und er weiß genau, kein anderer würde freiwillig jetzt als Studioleiter nach Japan gehen. Nach Deutschland zu gehen hieße also, seine Mitarbeiter im Stich zu lassen. Mit wenig Hoffnung auf einen interessanten Job hier. Die Verantwortung für uns kann er aber natürlich genauso spüren. Bevor wir als Familie nach Tokio gingen, war Holger neun Monate allein da und nur alle vier Wochen bei uns. Wenn er ging, waren wir unglaublich traurig. Dann haben wir uns daran gewöhnt. Wenn er dann wiederkam, haben wir uns immer erst mal alle furchtbar in die Wolle gekriegt. Seinen Platz musste er erst wieder erkämpfen. Ich kann und will das nicht mehr.

Ich kann zum ersten Mal in meinem Leben meinen Weg nicht sehen. Ich will mein Vertrauen und meinen Glauben wiederhaben! Egal, für welche Richtung ich mich entscheide, ich möchte davon überzeugt sein. Aber das bin ich nicht. Ich fühle mich schrecklich.

DIE ENTSCHEIDUNG

Hier sitze ich nun mit meinem Mann im Flugzeug. Nur er und ich. Entscheidungsfindung, die tausendste. Ohne die Kinder nach Japan zu gehen, die bei Freunden unterkommen konnten, wenn auch nur für eine Woche, hilft uns hoffentlich dabei. Dass es mich so berühren würde, Japanern zu begegnen, habe ich allerdings nicht erwartet. Ein Flugzeug voller Fremder und ich bin den Tränen nahe. Ich bin 41! Da heult man doch nicht einfach so. Der Flughafen ist viel leerer als sonst, es fehlen die Touristen. Geschäftsleute gibt es nach wie vor. Klimaanlagen und viele Lampen sind ausgeschaltet. Es ist viel ruhiger und dunkler. Und heißer. Dabei könnten sie mindestens genauso viel Strom sparen, wenn sie einfach die Klodeckel von Hand aufklappen und auf die tausend Durchsagen verzichten würden. Dann das ultimative Japan-im-Sommer-Erlebnis: Ich trete nach draußen und merke, dass die Klimaanlage doch an war. Es ist stickig und schwül und ich fühle mich, als würde ich versuchen, unter Wasser einzuatmen. Ja, so muss es sein! Ich bin angekommen!

Zuerst fahren wir zu Holgers Firma zur Sicherheitseinführung. Was im März total chaotisch lief, soll jetzt besser vorbereitet werden. Fürs nächste Mal. Es ist tatsächlich beruhigend zu wissen, wer wann wohin fährt, welche Route man nehmen soll, wo man sich sammelt, wie man auf einen Warnanruf reagieren soll und so weiter.

Am nächsten Tag treffe ich mich mit Ezko, meiner Japanischlehrerin, vor dem OK-Markt. Ich habe mir fest vorgenommen, einfach alles in meinen Wagen zu laden, was ich sonst kaufen würde. Schließlich will ich ja genau das wissen: Ist einkaufen möglich? Diesmal bin ich vorbereitet und habe mich unter Kontrolle. Umarmen muss ich Ezko trotzdem, ob sie will oder nicht. Sie scheint sich ein bisschen weniger zu winden als sonst, ich glaube, sie freut sich auch.

Sie erklärt mir beim Einkaufen, was sicher ist und was nicht. Wir beginnen mit dem Obst. Wenn man aus Deutschland kommt, ist Obst kaufen in Japan immer ein bisschen frustrierend. Menge im Verhältnis zum Preis wie immer ein Schock. Allerdings habe ich mir bisher auch nie die Mühe gemacht, nachzufragen, woher die Sachen kommen. Jetzt weiß ich es. Bananen und Ananas von den Philippinen, Äpfel aus China und Kirschen (abgepackt zu je zehn Stück) aus Amerika! Kirschen aus Amerika! Ich fass es nicht. Unter normalen Umständen würde ich so etwas nie kaufen, aber jetzt ist es vielleicht ganz gut so. Trotzdem, mehr als die Ananas kann ich nicht mitnehmen; die hatte immerhin die kürzeste Reise. Dann das Gemüse: Lauchzwiebeln, Tomaten, Salat. Ezko sagt: »Alles sicher«, und lächelt. Ich spüre, dass es ihr unangenehm ist, mit mir misstrauisch die Etiketten zu beäugen. Ich nehme eine Gurke (»Alles sicher«) und frage, woher sie stammt.

»Oh, die kommt aus Fukushima, aber außerhalb der Dreißig-Kilometer-Zone. Ist ganz sicher.« Sie lächelt.

Ich weiß nicht, was ich sagen soll. Ezkos Kinder essen alles und trinken auch das Leitungswasser. Ich bin geschockt. Obwohl ich natürlich gewusst habe, dass ich nur hierherkommen kann, wenn ich in der Lage bin, zu vertrauen. Und natürlich habe ich auch, seitdem ich angekommen bin, schon im Restaurant Gemüse und Salat gegessen. Wo die eingekauft haben, weiß ich nicht. Aber ich kann hier nichts lesen. Und selbst wenn ich den Herkunftsort herausfinde, weiß ich noch nicht einmal genau, wo er liegt. Meine Geografiekenntnisse sind eine Katastrophe. Gunma, Chiba, Ibaraki, Tochigi sind alles Präfekturen, die man meiden sollte. Das weiß ich inzwischen. Obwohl vermutlich mein halber Einkauf von dort stammt. Mutig schleppe ich alles nach Hause. Um dort die Hälfte wegzuschmeißen. Mist. So geht es nicht. Mein Nachbar erzählt, dass in einem anderen Laden Kartenzeichnungen an allen Lebensmitteln hängen. Ich fühle mich ein wenig sicherer.

Wir haben uns für den Abend *die Entscheidung* vorgenommen. Aber vorher gehen wir Sushi essen. Angeblich ist der ganze Fisch sowieso importiert. Das Lokal ist leer und die günstigen Preise sprechen dafür, dass es nicht mehr ganz so gut läuft wie vor dem 11. März. Es schmeckt wie immer unglaublich gut. Wir schwanken zwischen Bier trinken und nach Hause gehen, wohl wissend, dass wir es nicht ewig aufschieben können.

Die Sicherheit der Kinder und die tolle Schule, an der vor allem Maria superglücklich ist. Die Freunde, Oma und Opa. Sportverein und Wald, ein unkompliziertes, vorhersehbares Leben gegen das Land, das wir noch gar nicht kennen und in dem wir fremd sind. Aber auch hier: Freunde, Alltag und ein Leben, das wir mochten. Und eine Unsicherheit, die immer bleiben wird. Endlich ringen wir uns die Entscheidung ab: Wir bleiben. Erst mal für ein Jahr. Wie es dann ist, weiß ich nicht. Was ich aber weiß, ist, dass wir eine Familie sind und auch als eine leben wollen. Ich spüre, dass ich das hier bewältigen kann und diese Herausforderung annehmen muss und möchte. Genauso ist mir klar, wie schwer uns allen der Abschied von Deutschland dieses Mal fallen wird. Die Unterstützung, die wir erfahren haben, von unseren Freunden, der Familie, den Schulen, vom Kindergarten, von Lehrern und Mitschülern, das war unglaublich. Und es hat uns klargemacht, dass wir irgendwann wieder »nach Hause« zurückkehren wollen. Aber noch nicht jetzt.

DIE ANKUNFT

Wir sind da. Alle zusammen. Es erstaunt mich immer wieder, wie unkompliziert meine Kinder bei solchen Mammut-Reisen sind. Der Flug verlief unspektakulär, abgesehen davon, dass ich der Stewardess voller Begeisterung beim Landeanflug auf Kopenhagen erzählte, ich sei noch nie in Schweden gewesen. Sie guckte etwas irritiert und schlug mir vor, doch mal hinzureisen. Ich hab's tatsächlich erst im Flughafen gemerkt, als ich Öre erwartete und Kronen bekam.

Die Mädels sind gerührt bei der Fahrt vom Flughafen in unser Haus.

»Schau mal, Disneyland!«

»Guck mal, die Rainbow-Bridge!« Äh, vorbeigefahren. Gut, Holger ist auch nicht ganz auf der Höhe. So viel Familie auf einmal ist er nicht mehr gewohnt. Aber noch sind wir alle in der Wir-sind-so-froh-dass-wir-uns-haben-Phase. Das wird sich erst wieder in ein, zwei Stunden ändern – länger hält ja auch keiner so viel Nettigkeit aus! Außerdem sind wir müde und erschöpft, ein bisschen überwältigt und sentimental. Beim Anblick der Skyline verschlägt es uns allen die Sprache. Es ist, als würde der rot-weiße Tokio Tower uns in den Arm kneifen und sagen: »Willkommen zu Hause!« Wir sind wieder da.

Die Nachbarn sind auch fast alle zurück, bis auf eine Familie aus Argentinien, bei denen gerade die Möbelwagen vor der Tür stehen. Dafür ist im Nachbarhaus eine neue Familie aus Island eingezogen. Allerdings haben die schon vorher mehrere Jahre in Tokio gelebt und sind nur innerhalb der Stadt umgezogen. Die meisten Familien hier leben seit vielen Jahren in Japan, die Kinder kennen oft nichts anderes und wurden teilweise hier geboren.

Und plötzlich haben wir wieder Platz! Die Kinder ziehen sich in ihre Zimmer zurück und lesen, malen und machen die Tür hinter sich zu. Lang hält aber auch das nicht an, dann müssen die Freundinnen abtelefoniert werden. Holger und ich gehen so lange einkaufen. Er hat zwar den Kühlschrank bis zum Rand gefüllt, aber ich muss mich erst mal komplett neu orientieren. Der OK-Markt kommt nicht mehr infrage. Gemüse, Milchprodukte, Fleisch und Obst; alles kommt aus Fukushima. Holger zeigt mir einen Laden, in dem es dienstags und donnerstags eine Milchlieferung aus Kyushu gibt. Am Anfang hatte er die Milch aus Hokkaido gekauft, bis bekannt wurde, dass die Kühe aus Fukushima dorthin evakuiert wurden und die Milch häufig mit der dortigen gemischt wird. Unglaublich, wenn man dann noch in den Nachrichten sieht, dass die Bauern achtzig Kilometer entfernt von Fukushima ihre Produkte teilweise auf eigene Kosten testen lassen, weil sie Angst davor haben, ihr eigenes Gemüse zu essen. Man möchte eigentlich gar nichts mehr kaufen. Vertrauen ist schwierig. In Williams Kindergarten konnte man Schulessen anfordern, deren Zutaten südlich von Yokohama stammen. Das haben wir, wie viele andere auch, als unsere Grenze festgelegt. Natürlich sind die sicheren Produkte viel teurer, der Preis für das Schulessen ist aber gleich geblieben. Was, wenn die Herkunftsangabe also nicht stimmt? Ich werde noch verrückt!

Im Supermarkt versuche ich, mich mit meiner Liste mit den Kanjis der gefährlichen Präfekturen durch die Gemüseabteilung zu bewegen. Es ist Zufall, wenn ich auf den Etiketten den Herkunftsnachweis finde. Ich kann nicht einfach annehmen, dass die Lebensmittel sicher sind, bloß weil ich die verdächtigen Schriftzeichen nicht entdecken kann. Aber selbst der freundliche Angestellte, den ich zu Hilfe bitte, muss erst eine Weile suchen. Ich halte ziemlich den Betrieb auf, weil ich wissen will, woher der Joghurt kommt. Angeblich Nagoya, also unbedenklich. Katrin sagt mir später, dass sie die gleiche Joghurtsorte im Regal hat stehen lassen, weil man ihr einen anderen Herkunftsort nannte.

Nach einer Stunde im Laden befindet sich lediglich ein Bund Frühlingszwiebeln in meinem Korb. Immerhin erklärt mir eine Japanerin auf Englisch, Brot könne man ganz unbedenklich kaufen, denn in Japan würde so gut wie gar kein Getreide angebaut. Und Sojamilch und Tofu würde meistens aus Sojabohnen aus den USA hergestellt werden, weil die japanischen zu teuer seien. Am Ende kehre ich mit meinen Frühlingszwiebeln und einem Toast heim. Tja. Hat keiner behauptet, dass es einfach werden würde. Es ist aber nicht ganz so schlimm, wie befürchtet. Es gibt einen amerikanischen Großmarkt, für den man zwar eine Stunde Fahrt pro Woche in Kauf nehmen muss, aber das macht ja nichts. Meine japanische Freundin Riko hat kleine laminierte Kärtchen mit Schriftzeichen der existentiell wichtigen Sätze gemacht, wie zum Beispiel: »Wo kommt das her?«

Wir versuchen, die Firma aus Kyushu zu überzeugen, eine Milchlieferung hierher zu organisieren. Immerhin haben wir ausgerechnet, dass auf unserem Compound pro Woche fünfzig Liter verbraucht werden. Katrin organisiert Wasserspender für uns. Das Wasser kommt aus Hawaii. Obwohl wir das Leitungswasser zum Zähneputzen benutzen, möchte ich zum Trinken und Kochen doch lieber drauf verzichten. Ich denke, bis wir ein Gleichgewicht zwischen Vorsicht und entspanntem Leben herstellen können, wird noch ziemlich viel Zeit vergehen. Aber es ist möglich und notwendig.

Schlimm finde ich aber, dass man so gar nichts über die Menschen erfährt, die immer noch in den Notunterkünften leben. Menschen, die ihre Heimat aufgeben müssen, die nichts mehr haben und die dankbar für jegliche Nahrungsmittel sind, die sie bekommen, Herkunftsort hin oder her. Sie sind einfach aus den Nachrichten verschwunden. Ich hoffe, dass ich, wenn hier ein wenig Ruhe eingekehrt ist, mich an irgendeinem Hilfsprojekt beteiligen kann.

Meine Gedanken kreisen natürlich ständig um sichere Nahrungsmittel und deren Beschaffung. Ich war bei einem Vortrag des Strahlenbeauftragten der deutschen Botschaft mit Formeln und Erklärungen. Gut gemeint und informativ über Moleküle und Zerfall, Becquerel und Millisievert, Belastungen und Halbwertzeit. Die ganzen Tabellen und Schaubilder sind mir viel zu viel. Mich macht es ganz irre, weil ich das Ganze dadurch noch weniger kapiere als sowieso schon. Für mich gibt es einfach zu viele widersprüchliche Informationen.

Und dabei sind unsere Probleme im Vergleich zu dem, was die Menschen in Fukushima und unmittelbarer Umgebung erleben müssen, ein Witz. Ich war mit Katrin auf einer Pressekonferenz vom International Correspondents Club – Menschen, die sich für die Leute in Fukushima engagieren, Aufklärung und Handlung seitens der Regierung fordern, und ich schäme mich ganz schön für meine Luxusprobleme. Wir hören dort, dass die Regierung sich weigert, den Evakuierungsradius zu erweitern. Das bedeutet nicht nur, dass Menschen in der Nähe des Radius nach wie vor dieser extremem Strahlenbelastung ausgesetzt sind, sondern auch, dass sie keine finanzielle Unterstützung bekommen – die gibt es für die, die innerhalb der Dreißig-Kilometer-Sperrzone um Fukushima leben oder gelebt haben. Außerhalb dieser Zone wurden am 25. März, also zwei Wochen nach dem Erdbeben, 62.000 Menschen evakuiert, mit der Begründung der

Regierung, es gäbe dort »Versorgungsengpässe«. Hätte man die Zone auf achtzig Kilometer ausgeweitet, wären immerhin 1,9 Millionen Menschen betroffen gewesen. 1,9 Millionen Menschen, von denen der größte Teil noch dort ist! Selbstverständlich ist es nicht einfach möglich, diese Menschen irgendwo unterzubringen. Trotzdem: Die Werte, die dort gemessen werden, sind viel zu hoch, um zu bleiben. Aber natürlich haben die Menschen Angst um ihre Jobs. Wenn man in Japan kündigt, ist es fast unmöglich, eine neue Arbeit zu finden. Ohne Arbeit, Haus und Hof (dort oben ist eben auch sehr viel Landwirtschaft), das kann sich kaum einer vorstellen. Die Mütter haben Angst um ihre Kinder. Aber sie bleiben da; die Kinder gehen in die Schule und werden von der Schulkantine versorgt, die natürlich Lebensmittel von den umliegenden Bauernhöfen kauft. Es gibt Analysen, die zeigen, dass der Urin der Kinder in der Nähe von Fukushima eine stark erhöhte radioaktive Belastung aufweist, was niemanden überrascht. Aber die Werte nehmen wieder ab, wenn man sie von der Bedrohung entfernt. Cäsium 134 hat eine relativ kurze Halbwertzeit, sodass es möglich und existentiell notwendig wäre, alle dort lebenden Menschen zumindest vorübergehend zu evakuieren, bis die Gegend dekontaminiert ist. Die Behörden behaupten, dazu wäre nichts weiter nötig als die Böden umzugraben. Es geschieht einfach gar nichts. Die Menschen bleiben dort täglich der Strahlung ausgesetzt und die Werte, die für Kinder offiziell gefährlich sind, wurden einfach von einem auf zwanzig Millisievert pro Jahr angehoben – so viel wie die maximale Jahresdosis für beruflich strahlenexponierte Erwachsene.

Flyer mit Informationen über Radioaktivität dürfen auch nicht den lokalen Zeitungen beigelegt werden. Einen ortsansässigen Arzt zu finden, der Urin- oder sonstige Tests durchführt, ist unmöglich. Zu groß ist der Einfluss des Vizepräsidenten der Fukushima Medical University. Dessen eigene Tests beruhen wohl vor allem auf Schätzungen. Und ich finde es schon schrecklich, dass ich jede zweite Woche in den amerikanischen Großmarkt fahren muss, wenn ich Obst und Gemüse kaufen will.

Ich verstehe nicht, warum die Regierung nicht versucht, die Menschen dort zu schützen, anstatt abzuwiegeln und alles unter den Teppich zu kehren. Wer, außer ihnen selbst, wird dadurch geschützt?

So fragwürdig ich die Informationspolitik von Japan finde, so gern bin ich trotzdem wieder hier. Ob ich mich sicher fühle? Na ja. Ich denke oft an Erdbeben. Überlege mir, dass ich Lilli, die so gern in meinem Bett schlafen möchte, vielleicht doch nicht wegschicke, denn was, wenn es heute Nacht wackelt und ihr etwas passiert? Unsere Erdbebenübung damals, nur ein paar Tage vor dem 11. März, lässt mich jetzt ständig glauben, ich müsste jeder Vorahnung Gewicht geben.

William sagte zu Lilli neulich, als sie ihm ein Glas Sojamilch anstatt »richtiger« Milch einschenkte, das sei so scheußlich, dass es bestimmt verstrahlt sei. In solchen Momenten hinterfrage ich unsere Entscheidung schon.

Und doch war sie sehr bewusst getroffen und ich würde es immer wieder so machen.

Immerhin kann ich jetzt Gemüse online bestellen. Dank dem nicht ganz unerheblichen Einsatz meiner Japanischlehrerin Ezko bin ich jetzt Mitglied bei Rakuten, so was wie Amazon. Nur eben zusätzlich mit frischen Nahrungsmitteln – unter anderem mit Gemüse aus Kyushu, also aus dem Süden. Das Bestellen ist einfach. Wenn man Japanisch lesen kann. Als Ezko mir alles erklärt hat, hörte es sich machbar an. Nur leider haben wir für die Anmeldung so lange gebraucht, dass Ezko jetzt weg ist. Aber sie hat gesagt, das würde ich auch allein schaffen. Man muss nämlich nur auf das Bild mit der schönen Gemüsekiste klicken. Außerdem noch Milch.

Dann die Anzahl. Das Gute an japanischen Zahlen ist, dass sie genauso aussehen wie unsere. Ich gebe also »1« ein. Dann muss man einfach nur einen Button drücken, auf dem steht: »1個の商品が入っています« und schon ist man weiter! Man kann sogar das bevorzugte Lieferdatum und ein Zeitfenster von zwei Stunden angeben, in dem man das Ganze gern geliefert hätte. Absenden! Fertig.

Ich warte gespannt auf die Lieferung. Der Lieferant kommt zu spät, ganz eigenartig hier. Er übergibt mir einen Pappkarton, der mit hundert »Thank You«-Klebeherzen verziert ist. Dann lässt er mich unterschreiben, verbeugt sich, sagt irgendetwas Unverständliches und rennt davon. Ich gehe davon aus, dass er die Milch holt, aber er kommt einfach nicht wieder. Nach einer halben Stunde rufe ich Itagaki, Holgers Sekretärin, an, die sich sofort darum kümmern will. Sie entschuldigt sich tausendmal bei mir dafür, dass sie mir nicht gleich die komplette Bestellung organisiert hat. Ich entschuldige mich auch – sie hat mit Sicherheit Besseres zu tun, als meiner Milch hinterherzutelefonieren. Eine halbe Stunde später ruft sie mich an und sagt, meine Adresse sei nicht korrekt gewesen. Muss ich das verstehen? Fürs Gemüse hat es gereicht. Außerdem wolle mich der Lieferant noch mal anrufen, wegen eines neuen, mir angenehmen Termins. Fünf Minuten später klingelt tatsächlich auch das Telefon. Leider spricht der Mann am anderen Ende nur Japanisch. Auf meine Frage, ob er Englisch spreche, sagt er nein, schnauft noch ein paarmal ins Telefon und legt auf. Itagaki, die ich um ihren wohlverdienten Feierabend bringe, bemüht sich erneut.

Danach höre ich nichts mehr, habe aber dafür endlich Zeit, mal in die Kiste zu sehen. Ich finde interessante Dinge, von denen ich leider nicht weiß, was man damit macht. Da wäre als Erstes Goya, die berühmte picklige Gurke aus Okinawa, von der die Japaner behaupten, sie lasse einen uralt werden, die aber selbst für sie ziemlich bitter schmeckt. Ich habe sie mal in einem Thai-Gericht probiert. »Bäh« ist eigentlich das Einzige, was ich dazu sagen kann. Und ich fühlte mich in der Tat gleich um 25 Jahre gealtert. Dann gibt es noch zwei verschiedene Pilzarten, davon jeweils drei Stück, Sprossen, eine Zwiebel, zwei Tomaten und drei Kartoffeln. Für eine sechsköpfige Familie quasi ein Festessen. Dann haben wir etwas, das Katrin als Mangold identifiziert, und noch etwas, dass ich für Thai-Auberginen halte, sie aber für japanische Chilis. Ich möchte es gern vor der Zubereitung herausfinden.

Ich glaube, ich kann alles verwerten, bis auf die klebriggelben Stinkepilze, die sich direkt nach dem Auspacken vor allem geruchstechnisch ziemlich hartnäckig in meine Hand fräsen. Die schmeiße ich gleich weg. Die durchsichtigen, kleinblättrigen Sprossen brate ich immerhin vor dem Wegwerfen. Ganz unten in meiner Kiste befindet sich etwas, das aussieht wie die Hells-Angels-Version einer normalen Kartoffel, extrem behaart. Ich habe alles schön in mein Gemüsefach gelegt, aber jetzt ist der Punkt erreicht, an dem ich eine Entscheidung treffen muss. Das Fach geht beim besten Willen nicht mehr zu.

Entsorgen kommt auch nicht infrage, denn mein Mann bringt wie in jeder guten Ehe den Müll raus und fände es sicher äußerst verdächtig, wenn ich das plötzlich selbst tun würde.

Ich werde diese Kartoffeln also zubereiten. Ist ja nicht so, dass ich das eine oder andere Gemüse, so wie Süßkartoffeln und Lotuswurzel, nicht auch schätzen gelernt hätte. Vielleicht verbirgt sich hinter diesem eher unattraktiven Gemüse mein neues Lieblingsgericht? In meinen japanischen Kochbüchern finde ich aber leider nichts. Das Internet bietet mir Bier an (aus Kartoffeln?). Nach vielen Umwegen, die alle mit der Sucheingabe »haarig« zu tun haben, finde ich sie: Satoimo 里芋, die japanische Tarowurzel. Als Erstes lese ich, dass Satoimo die Menschen geschmacklich in lieben oder hassen teilt, vor allem in

Bezug auf eine Eigenschaft dieser Wurzel: die Schleimigkeit. Oh, das Wort allein ... Wobei ich zugeben muss, nach drei Jahren in Japan finde ich auch manche Speisen lecker, die ich am Anfang vermutlich für eine Zumutung gehalten hätte.

Des Weiteren erfahre ich, dass das Schälen der haarigen Kartoffel Hautirritationen hervorrufen kann.

Immerhin ist die Zubereitung einfach. Man kann die Dinger waschen und dann auf einem Teller mit einer Klarsichtfolie abdecken. Fünf Minuten in die Mikrowelle, schon sind sie fertig und beißen auch nicht mehr. Vorsichtshalber mache ich parallel dazu doch eine Lasagne. Nur zur Sicherheit. Ich stelle die Satoimos wie beschrieben in die Mikrowelle und stelle auf fünf Minuten. Nach zwanzig Sekunden durchdringt ein feucht-erdiger Geruch meine Küche, ein bisschen so, als ob ich da drin eine Tüte Torf gekocht hätte. Bin ich froh, dass die Mikrowellentür noch geschlossen ist! Ich beschließe, das auch so zu lassen. Man sollte das Ganze sicher sowieso erst mal abkühlen lassen.

Ich hole also William ab, der beim Betreten des Hauses fragt, ob ich jemanden beerdigt hätte. Ausnahmsweise möchte er nicht mit mir in die Küche, sondern lieber in seinem Zimmer Kassette hören. Die Satoimos haben sich indessen geruchstechnisch so weit beruhigt, dass ich sie aus der Mikrowelle nehmen und schälen kann. Innen sind sie gar nicht so exotisch, vielleicht ein bisschen blass für Kartoffeln, und sooo schleimig sind sie gar nicht. Ich schneide sie in Scheiben und brate sie mit Sesamöl, Sojasauce und Mirin an.

Meine Kinder fragen mich bei ihrer Heimkehr, ob das, was da so stinkt, etwa das Abendessen sei. Undank ist der Welten Lohn, zumindest, wenn man sich um kulinarische Abwechslung bemüht. Zum Glück habe ich ja Lasagne gemacht, die innerhalb von kürzester Zeit weg ist. Wir sagen Holger, der eine halbe Stunde zu spät zum Essen kommt, nicht, dass es mal Lasagne gab. Die Kinder erzählen ihm dafür vom gesundheitlichen Mehrwert dieses Abendessens und von den Vorzügen des ewigen Lebens. Mein Mann isst dann ein Käsebrot.

Am nächsten Morgen finde ich ihn, wie er schwarzen Sesam und Sojasauce auf das mittlerweile kalte Satoimo gibt, Thunfisch druntermengt, probiert und sagt: »Mhmm, schmeckt total lecker! Ich habe schon mal für dich dein Mittagessen gemacht.«

TAMAGAWA DAISHI UND TAIFUN ROKE

Diese Woche nehmen Kerstin und ich unsere Freundin Nicole aus Jiyugaoka mit auf unsere dienstägliche Tokio-Erkundungstour. Mit den Ausflügen haben wir direkt nach unserer Rückkehr nach Japan begonnen, weil Kerstin und ich die Zeit, die wir in Tokio haben, besser nutzen wollen. Wir hatten beide bei unserer abrupten Abreise nach dem Erdbeben das Gefühl, gar nichts gesehen zu haben. Das wollen wir nun wiedergutmachen. Unser heutiges Ziel ist Futago Tamagawa, das zehn Minuten mit dem Rad entfernt und direkt am Tamagawa River liegt, dem Fluss, der Tokio und Yokohama trennt.

Nach fünfzig Metern hat Nicole einen Platten, aber das macht nichts, denn eine uralte Mofawerkstatt liegt auf dem Weg. Nicole kann genauso wenig Japanisch wie wir beide. Forsch geht sie auf einen älteren Japaner zu, sagt: »Sumimasen?«, und macht mit beiden Händen eine Pumpbewegung. Der arme Mann ist völlig überfordert. Er reißt seine Augen weit auf und ist komplett gelähmt. Um ihm ein wenig auf die Sprünge zu helfen, zeigt sie auf ihr Fahrrad. Da endlich scheint er sie zu verstehen und zeigt enorme Erleichterung. Zehn Yen koste es (also fünf Cent), den Kompressor zu benutzen, können wir seinen Worten entnehmen. Vor lauter Aufregung vergisst er aber, den Deckel abzunehmen. So viele große deutsche Frauen sind wohl ein bisschen viel für ihn so früh am Morgen. Nur knapp platzt der Reifen nicht. Aber dann ist das Rad spitzenmäßig aufgepumpt und wir schon wieder albern, dabei wollten wir doch ganz besinnlich in einen nahegelegenen Tempel.

Wir wissen nicht, was als Nächstes auf uns zukommt. Die Informationen über unser Ziel hörten sich so seltsam an, dass ich mir gar nichts und alles vorstellen konnte. Der Tempel heißt Gyokushin Mitsuin Tempel. Besser bekannt als Tamagawa Daishi. Man erkennt ihn daran, dass dort ein riesiger Buddha seinen Kopf über die Hecke streckt. Laut meines Reiseführers gibt es in diesem Tempel einen unterirdischen Gang, den man betreten kann. Angeblich ist er stockfinster. Hmm … verlockend. Meine Fantasie rät mir dringend von einem Besuch ab.

Der Garten um den Tempel ist nett und der Tempel selbst auch. Aber nicht irgendwie spektakulär. Drinnen sortiert ein Mann Kerzen und eine Frau betet. Japanische Tempelidylle. Wir gehen um den Tempel herum, um den Eingang zur Höhle zu finden. Nichts. Als wir wieder im Tempel sind, ist die betende Frau verschwunden, ihre Schuhe sind aber noch da. Wir kombinieren scharfsinnig: Der Gang muss *im* Tempel sein. Der Kerzenmann versteht meine Pantomime offensichtlich und zeigt auf eine komplett finstere, winzige Treppe hinter einem Tisch. Da geht's runter. Man kann noch nicht mal die letzte Treppenstufe sehen. Kerstin fällt ein, dass sie dringend noch telefonieren muss und leider nicht mit uns runter kann. Diese Ausrede kann ich jetzt nicht auch noch bringen. Nicole ist ein bisschen blass. Wir bekommen ein eingeschweißtes Blatt Papier, auf dem auf Englisch steht, dass der Tempel 1925 von buddhistischen

Shingon-Mönchen gebaut wurde. Er hat also schon ein paar Erdbeben überstanden. Nicole und ich zahlen brav unsere hundert Yen, nehmen uns Plastikschuhe aus dem Korb, gruseln uns schon ein kleines bisschen und steigen hinab. Der Gang ist angeblich dem Gedärm Buddhas nachempfunden. Das ist absoluter Ernst! Das macht die Anweisungen noch fragwürdiger: Man soll sich mit der Hand an der rechten Wand entlangtasten und die Angst spüren, die einen in der absoluten Dunkelheit überkommt. Dazu braucht es doch nicht auch noch göttliche Innereien, oder? Taschenlampen sind selbstverständlich verboten.

Das mit der Angst machen Nicole und ich spitze. Meine Hände sind eiskalt. Komisch, denn es ist passend feucht und warm hier drin. Zum Glück ist wenigstens der Boden nicht rutschig und außerdem benutzen wir doch heimlich eine schwache Taschenlampe. Wir sind einfach immer perfekt vorbereitet. Relativ schnell geht es zu allem Überfluss bergab und immer schön enge Kurven zwischendrin. Was haben wir uns da bloß eingebrockt? Ich weiß, der Gang ist nur hundert Meter lang, aber diese hundert Meter sind definitiv die längsten meines Lebens!

Plötzlich stehen wir vor einer erleuchteten Nische mit einem liegenden Buddha. Räucherstäbchen, Schmuck und Überfluss. Unheimlich und schön. Und immerhin ein bisschen Licht. Aber die Decken sind so niedrig! Und leider geht es dahinter genauso finster weiter. Wir beide sagen unser altbekanntes Mantra: »Kein Erdbeben, bitte, bitte, nicht *jetzt!*« Der nächste erleuchtete Raum ist riesig.

Dreihundert kerzenbeleuchtete Kannon-Statuen stehen da. Was für ein Licht und was für eine Atmosphäre! Laut Anweisung sollen wir hier die Statue mit unserem diesjährigen Geburtstag suchen und davor ein Räucherstäbchen anzünden und beten. Rechts und links auf dem Boden gibt es noch kleine Durchgänge, durch die man in weitere kleine Hallen kriechen kann. Wir verzichten ausnahmsweise auf das Geburtstags-Räucherstäbchen-Ritual. So schön es hier auch ist, wir wollen lieber so schnell wie möglich raus. Im letzten Raum befindet sich ein Gong, den man schlagen kann, als Zeichen dafür, dass man erfolgreich die Angst und Buddhas Eingeweide überwunden hat. Wir trauen uns noch nicht mal das.

Wobei, als wir oben sind, find ich's gar nicht mehr so unheimlich. Könnte glatt noch mal mit Kerstin … Aber die ist nicht gewillt.

Zwei Tage später trifft uns mal wieder eine Naturgewalt mit besonderer Kraft: Taifun Roke stürmt mit mehr als 160 Stundenkilometern auf Tokio zu. Die Kinder finden es zuerst ganz großartig. Ein bisschen Aufregung und nachmittags keine Schule ist ganz nach ihrem Geschmack. Und scheußliches Wetter, bei dem man mit gutem Gewissen mitten am Nachmittag einen Film anschauen und dazu Kekse essen kann.

Ich kapiere mal wieder erst, dass ein Taifun kommt, als mir besorgte Freunde Nachrichten aus Deutschland schicken. Gut, es regnet und windet, aber nicht unangenehm. Ich empfinde es mehr als Inspiration, endlich mal wieder die Kleiderschränke auszumisten. Aber gegen zwölf fängt der Wind an, horizontal zu wehen. Da überlege ich mir dann schon, ob und wie ich William vom Kindergarten abholen soll.

Als ich mich dann um 14 Uhr tatsächlich auf den Weg mache, haben sich die Leute schon von dem Konzept des Regenschirms verabschiedet. Nur ein paar vereinzelte Japaner tragen entweder das verbogene, hüllenlose Gerippe über ihrem Kopf oder ihre Regenschirmplane. Diese aber lieber über der Tasche, um ihre Computer zu schützen.

Der Baum vor Williams Kindergarten ist entwurzelt. Interessanterweise ist so ein Taifun aber nicht kalt. Wenn man rausschaut, sieht es zwar aus wie allerfiesestes Novemberwetter, aber es ist sommerwarm. Trotzdem, die Kinder sind für Tee.

Als wir zu Hause ankommen, ist es dunkel, stürmt, regnet Sturzbäche und ganze Bäume fliegen durch die Gegend, ganz abgesehen von unseren Schuhen, die wir leider draußen stehen gelassen haben. Mittlerweile haben wir das Gefühl, wir könnten eventuell doch abheben. Das ganze Haus wackelt, die Fenster klappern und die Bäume peitschen gegen die Fensterscheiben. Es regnet keine Tropfen, sondern flächendeckende Wassermassen. Maria teilt mir mit, dass der Wasserspiegel in ihrem Zimmer steigt und irgendwas mit ihrer Wand nicht stimmt. Ich habe keine Ahnung, woraus diese Häuser bestehen (vermute Sperrholz und Pappe), aber alles ist mittlerweile sehr nass. Es regnet nicht einfach an irgendeiner Stelle rein, sondern das Wasser fließt innen die Wände runter. Immerhin konnten wir schnell Computer und Elektrogeräte auf die Betten retten und hoffentlich somit unser Haus vor einer Explosion schützen. Beruhigend finde ich, dass die japanischen Häuser alle ein Holzfachwerk drunter haben. Selbst wenn also die Pappe fällt, bleibt das Dach vielleicht stehen. Das sind doch Aussichten.

Holger bleibt vorsichtshalber in Yokohama. Das Wasser kommt bei ihm unter der Studiotür durch und ein paar Bäume liegen auf der Straße. Ganz abgesehen davon, dass er die Brücke über den Tama überqueren müsste. Nein, ist schon besser, er bleibt, wo er ist. Auf der Wetterkarte im Internet bewegt sich Roke in Richtung Fukushima. Hoffentlich haben die da oben alles im Griff.

Die Kinder wollen nicht ins Bett. Ihnen fällt natürlich ein, dass sie noch dringend Hausaufgaben machen und Dinge im Internet recherchieren müssen.

Gegen acht Uhr ist der Sturm mehr oder weniger an uns vorübergezogen. Das geht bei so einem Taifun sehr plötzlich und ist auch faszinierend, wenn man seinen Verlauf auf der Karte beobachtet. So ein Wetter gibt es in Deutschland gar nicht.

Aus den Kinderzimmern höre ich süße Stille. Einige Zikaden haben vor unserem mittlerweile geöffneten Fenster ihre Arbeit wieder aufgenommen, die Luft ist sauber, warm und frisch. Auf den Zimmerpfützen liegen Handtuchberge und der Elektronikkram auf den Tischen. William und ich liegen im großen Bett. Ich bin schon ziemlich erleichtert, dass nichts Schlimmes passiert ist, und natürlich schlafe ich ein, ist ja schließlich auch schon halb neun. Kurz nach zehn kommt mein Mann. Und um halb elf dann ein Erdbeben. So, als ob die Natur hier doch noch das letzte Wort haben müsste.

KUCHEN, ZAHNSPANGEN UND DIE RAINBOW-BRIDGE

Ach, was für ein grandioser Tag! 25 Grad, Sonnenschein und ich habe die allerbeste Laune! Vielleicht liegt es auch daran, dass seit einigen Tagen der Kinmokusei (die Duft-Olive) seinen unglaublichen Wohlgeruch verbreitet. Die Blüten sind unspektakulär, klein und orange, aber der Duft – unvergleichlich! Da fallen sogar die Joggingrunden im Park leicht, vor allem wenn auch noch die Playlist stimmt.

Morgen ist wieder Oktoberfest an der DSTY. Die Dirndl sind schon ausgemottet und unsere Standschichten zugeteilt. Ich bin am schwäbischen Stand. Leider bin ich mit dem Standverantwortlichen verheiratet, der heute ganz leise die Frage stellt: »Sag mal, ist es okay, wenn ich zwischendurch für zwei Stunden arbeiten gehe? Du bist ja da.« Als ob der Stand keine Arbeit wäre und wir keinen vierjährigen Sohn hätten, der vielleicht noch andere Pläne hat, als Spätzle vom Boden aufzulesen. Er tut, als ob er das einsieht. Nur um mit Sicherheit morgen »nur mal eben kurz« zu verschwinden und dann sieben Stunden später wieder aufzutauchen, abzuwarten, bis ich mich ausgeschimpft habe, und mich dann zum Lachen zu bringen, sodass ich nicht mehr sauer auf ihn sein kann!

Lilli hat mit ihrer Klasse schon Lebkuchenherzen gebacken. Mein Job war, »DSTY« mit Zuckerguss draufzuschreiben. DSTY, DSTY, DSTY. Ich habe bestimmt eine Lese-Rechtschreibschwäche, wenn man bedenkt, wie viele von den Dingern ich essen musste, weil ich DYST oder DSYT draufgeschrieben habe. Außerdem geht mein Dirndl morgen bestimmt nicht zu.

Ich scheue keine Mühen, um wesentlich zum Kuchenbuffet des Festes beizutragen. Leider ist momentan die Butter rationiert, also schwinge ich mich singend auf mein Rad, was zum Glück keiner hört. Schönes Wetter hin oder her, wir wollen die Leute nicht allzu sehr strapazieren. Supermärkte gibt es hier wie Sand am Meer, aber zu dem einen, in dem man Produkte aus Kyushu findet, muss man eine Weile fahren. Leider gab es in den letzten drei Tagen keine Butter, somit bin ich schon ein bisschen skeptisch, aber nicht gewillt, mir vorab selbst die Hoffnung zu nehmen. Und siehe da, meine mir vertraute Butter gibt es zwar nicht, dafür aber empfiehlt mir eine Verkäuferin eine Buttermischung aus Osaka. Eine Aufschrift in Englisch verspricht »delicious butter, blended with ingredients«. Da nehme ich doch gleich zwei! Und für Katrin auch noch eine! Vor allem, weil der Preis unschlagbar ist, umgerechnet sieben Euro für 450 Gramm. An der Kasse dann die Ernüchterung. Die Verkäuferin räumt hartnäckig zwei meiner drei Butterpäckchen wieder aus meinem Korb. »Das geht nicht«, signalisiert sie mir. »Pro Person nur eine Butter.« Ich bezahle also, bringe meine eine Butter zu meinem Fahrrad und betrete den Laden erneut. Leider erinnert sich die Verkäuferin an mich und gestattet mir nicht, noch mehr zu kaufen. Ich wollte doch nur ein paar Kuchen fürs Oktoberfest backen! Na ja, egal, ich kann nämlich auch Internetbestellungen aufgeben! Nach einigen Umwegen finde ich auch die aus Kyushu. Vor lauter Freude bestelle ich gleich 15 Stück. Ist vermutlich das erste Mal, dass ich fast siebzig Euro für Butter ausgebe.

Mein nächster Dienstagsausflug mit Kerstin und Nicole führt uns diesmal über die Rainbow-Bridge (japanisch: Reinbō Burijji) vom Shibaura-Kai nach Odaiba und wieder zurück. Ich habe mir das ja immer wahnsinnig spektakulär vorgestellt, so mit Blick auf Odaiba und diese seltsame Fernsehstation-Kugel und den rot-weißen Tokio Tower auf der anderen Seite. Das kann man schon alles sehen. Aber wir wären nicht in Japan, wenn nicht dafür gesorgt würde, dass man bei der lebensgefährlichen Überquerung der Brücke maximal geschützt ist. Zu den Sicherheitsmaßnahmen gehören ein Maschendrahtzaun und Gerüste, so weit das Auge reicht. Ich will nicht ungerecht sein, an zwei Stellen gibt es Aussichtsplattformen, da kann man schon was sehen. Ein weiterer wesentlicher Beitrag zur allgemeinen Sicherheit sind skateboardähnliche Holzbretter für Fahrräder, auf denen man sein Rad über die Brücke schieben kann. Es gibt nicht wirklich einen Grund dafür. Man muss sie unter dem strengen Blick des Brückenwachpersonals auf seinem individuellen Holzbrett einhaken. Und dann darf man sein Rad unter extrem lautem Quietschen ganz langsam über die Brücke schieben. So was geht nur in Japan. Beängstigender als die Gefahr, ins Wasser zu fallen, ist die Tatsache, dass die schweren Lastwagen, Züge und Autos mit ihrer Geschwindigkeit die Hängebrücke zum Beben bringen. Trotzdem finden wir es wirklich schön. Die Sonne ist zwar auf der anderen Laufseite und es ist extrem laut, aber wir sind hoch entschlossen, später in der Sonne zurückzulaufen. Sind ja nur 1,4 Kilometer.

Auf der anderen Seite in Odaiba müssen wir uns nach dieser anstrengenden Tour erst mal auf ein Holzpodest legen und unser Gesicht in die Sonne halten. Wir freuen uns und genießen die Aussicht. Es gibt wie immer viele wesentliche Dinge zu besprechen; die Männer, die Kinder, die Diät, der nächste Urlaub, das Abendessen und man darf natürlich das *Mittagessen* nicht vergessen. Schließlich ist es auch schon halb zwölf! Also machen wir uns auf den Weg zurück. Diesmal genießen wir die Sonne und den Blick auf die vorgelagerten, künstlich aufgeschütteten Inselchen. Was man auf dieser Seite auch sehen kann, ist der Tower of Wind. Er sieht aus wie ein großes gestreiftes Segel, ist aber eine Raststätte mitten in der Bucht von Tokio – eine Segelinsel mit tausend Restaurants und allerlei Unterhaltungsmöglichkeiten. Da will ich auch mal hin. Das ist das Gute an unseren Ausflügen: Das nächste Ziel findet sich immer von selbst.

Am Nachmittag haben wir heute zu allem Überfluss einen Kieferorthopäden-Termin. Zuerst muss ich herausfinden, ob Lilli, die in der Schule ist, ihre Spange dabeihat. Im Allgemeinen ist Verlass darauf, dass das nicht der Fall ist. Weil genau dieses Kind sein Handy irgendwann irgendwo verloren hat, muss ich Paulina auf die Suche nach ihrer kleinen Schwester schicken, um herauszufinden, ob die Spange am Kind ist. Natürlich nicht, teilt mir

Paulina mit, nachdem sie wieder zu ihrer Klasse zurück-
gekehrt ist.

Wo die Spange denn sei, möchte ich gern wissen.

»Oooh Mama, das hättest du mich doch gleich fragen
können.«

Lilli weiß natürlich leider nicht, wo ihre Spange ist,
schlägt aber vor, auf dem Fensterbrett, auf dem Schreibtisch, im Bad oder hinter dem Bett nachzuschauen. Das
Gute ist, ich habe ja Zeit. Ich bin schließlich Mutter. Die
Zahnspangen-Aufenthalts-Vorschläge entpuppen sich als
Fehlanzeige. Nicht im Bad, Bett oder Schreibtisch. Nicht
oben auf der Kante ihres Bettes. Nirgends. Ich sehe allerdings, Lillis Bett ist ein wenig von der Wand abgerückt.
Das hat Bedeutung, denn dieses Bett ist Maßarbeit. Holger hat die Matratze und das Bett zwanzig Zentimeter
gekürzt, damit es in diese Nische passt. Manchmal weiß
man einfach, wenn eine Sache nur einen einzigen Aus-
gang haben kann. Und zwar keinen guten. Ich schaue in
den Spalt und sehe nichts. Die Zeit läuft. Ich müsste längst
los. Ich hole eine Taschenlampe und finde heraus, dass die
Zahnspange tatsächlich in den Ritz gefallen ist und dort
klemmt, quasi in greifbarer Nähe. Wenn man mit einem
langen Messer von unten vielleicht …? Ich hole ein Messer. Zu kurz. Die Spange hängt fest. Ich hole ein Lineal.
Das ist nur suboptimal, rutscht ab und knallt mir gegen
die Stirn. Zum Glück war es nicht das Messer! Ich spüre
eine ungute Energie in mir aufsteigen und versuche, sie
ganz yogamäßig wegzuatmen. Klappt aber nicht so gut
wie sonst, wenn ich keine pochende Stirn und enormen

Zeitdruck habe. Dafür ist die Spange jetzt mehrere Zentimeter weiter runtergerutscht. Ich entferne alles unter dem Bett, weil mir nichts Besseres einfällt, und finde eine Tüte mit zweihundert Sendung-mit-der-Maus-Aufklebern, viertausend Magneten mit der Aufschrift »Freude-Joy-Bonn«, drei gelbe Golfbälle und nasse Schwimmsachen. Ich versuche eine Hebel-Zieh-Technik, sozusagen als letzte Rettung, aber ich versage kläglich und die Zahnspange verschwindet unwiederbringlich in der Dunkelheit. Fluchend lasse ich das ganze Chaos, wie es ist. Denn wenn ich das Bett zurückdrücke, ist die Zahnspange auf jeden Fall platt. So weit kann ich noch denken. Zum Glück befindet sich außer mir keiner im Auto, als ich Holger anrufe und wie immer kontrolliert, entspannt und schimpfwörterfrei von meinem Leben berichte und sogleich kündige.

Die Zahnärztin lacht. Ich habe immerhin zwei von drei angekündigten Kindern dabei und eines davon hat sogar die Zahnspange an! Na ja, ist auch eine feste. Als wir nach Hause kommen, hat Maricel, unsere Haushaltshilfe, das Zimmer natürlich picobello aufgeräumt und das Bett an Ort und Stelle zurückgeschoben. Mit Holgers Hilfe landet die Spange doch irgendwie in unserem Zugriffsbereich. Allerdings leider in drei Teilen. Gut, sie war schon alt, nämlich genau drei Wochen, da kann so was schon mal passieren. Ich setze mich auf unsere Terrasse, zünde mir eine Kerze an und atme tief ein. Kinmokusei, rette mich!

KYOTO

Im Reisen sind wir spitze. Wir lieben Aufbrüche im Morgengrauen. Zumindest ein Sechstel der Familie, nämlich mein Mann. Er möchte am liebsten grundsätzlich das Haus vor dem Frühstück verlassen und ganz cowboymäßig in den Sonnenaufgang hineinfahren.

Für uns andere ist das Wort Morgengrauen schon ganz richtig gewählt.

Besser, man ist vorbereitet. Das heißt, am Abend vorher müssen Brote geschmiert, Gemüse geschnippelt, Gummibärchen und Getränke eingepackt und Eier hartgekocht werden. Das ist dann das, was mein Mann einen frühen Aufbruch ohne großen Aufwand nennt. Nicht, dass uns das daran hindern würde, an jeder zweiten Raststätte für Kaffee, Klo oder sonst irgendwas anzuhalten. Für meine Kinder würde so eine Raststättenbefahrung als Urlaubsprogramm eigentlich völlig ausreichen. Sie finden die Automaten mit kleinen Kaugummis, Autos, Puppen und »garantierten« Gewinnen von Gameboys so faszinierend, dass sie keine Tempel in Kyoto bräuchten. Aber wir Eltern wollen nun mal mehr von Japan sehen. Zum Glück findet Holger übrigens auch Autofahren um diese Zeit großartig. Ich selbst kann so früh nämlich noch nichts. Ich finde es schon eine Zumutung, dass in Japan die Sonne um sechs oder sogar noch früher aufgeht. Schrecklich! Es hilft auch nichts, wenn ich die größte und schwärzeste Sonnenbrille aufsetze. Um es also in einem Satz zu sagen: Bevor wir überhaupt unterwegs sind, bereuen wir alle, uns auf diese Reise eingelassen zu haben, stellen Verwandtschaft und Ehe infrage und wollen so etwas nie wieder machen. Aber da mein Mann uns hartnäckig und gut gelaunt ignoriert und dem jeweiligen Urlaubs-Saboteur jedes Mal einfach ein Schinkenbrot reicht, sind wir irgendwann alle doch im Auto, wach, satt und viel zu faul, um wieder zurückzulaufen.

Auf unserem Weg liegt das vielgerühmte Miho Museum. Wir haben gehört, man müsse es sich auf jeden Fall anschauen. Die Architektur und Lage seien unglaublich. Sogar unsere Kinder sind interessiert, als wir ihnen erzählen, dass es einer schwer kritisierten Sekte gehört. Der Unterschied zwischen kritisiert und kriminell ist ihnen zum Glück nicht sofort klar und sie schwärmen von dubiosen Gestalten, Folterkammern und höchst geheimen Machenschaften. Das Miho Museum liegt in einem riesigen Wald in den Bergen vor Kyoto. Als wir von der Hauptstraße abbiegen und den dunklen, schmalen und gewundenen Pfad bergauf sehen, verdunkelt sich der Himmel. Keine Menschenseele ist unterwegs. Das »Miho Museum«-Schild baumelt einsam im böigen Wind. Der Handyempfang ist weg. Immer steiler und einsamer wird der Weg. Rechts und links dunkles Dickicht. Vögel kreisen über unseren Köpfen. Nein, keine Geier. Plötzlich öffnet sich vor uns der Wald und gibt den Blick frei auf ein großes Metalltor.

Wir überlegen uns, wer klingeln gehen muss, und entscheiden fünf zu eins für Holger. Aber er darf im Auto direkt hinfahren. Beim Näherfahren ans Tor entdecken wir ein Schild: »Montags geschlossen.« Irgendwie sind wir alle ein bisschen erleichtert. Und gleichzeitig enttäuscht. Bleibt uns nichts weiter übrig, als direkt nach Kyoto zu fahren und uns sofort im Einbahnstraßengewirr zu verirren. Nach einiger Zeit fragen wir einen jungen Mann nach dem Weg, der sich hier hoffentlich ein bisschen auskennt. Allerdings befinden wir uns in einem sehr alten, engen Viertel Kyotos, wir haben ein großes Auto, an dem niemand vorbeikommt und hinter uns stehen zwei Busse. Es wäre schön, die Erklärung wäre kurz. Unser ortskundiger Helfer bittet Holger, erst mal das Auto zu verlassen, damit er ihm den Weg besser erklären kann, so viel Zeit muss sein. Hinter den Bussen befinden sich mittlerweile sicher noch ein paar Autos, bisher hupt aber keiner. Der Mann dreht und wendet die Karte ein paarmal und schaut ratlos. Offensichtlich ist er sich nicht ganz sicher. Als er seinen Zeigefinger nachdenklich an seine Nasenspitze führt, bedankt sich Holger und signalisiert ihm, dass er jetzt allein klarkäme. »Domo arigatoo!«, sagt er und öffnet die Autotür. Das geht so aber nicht, denn der Mann ist schließlich Japaner und hat auch seinen Stolz. Wir haben keine Chance. Sein nächster Vorschlag sieht vor, dass Holger und der Mann ein Stück Richtung Hauptstraße laufen. Maria, geprägt vom Miho Museum, vermutet sogleich eine potentielle Entführung. Offensichtlich denkt das auch der Busfahrer hinter uns und hupt. Vorsichtshalber mache ich mich auf dem Beifahrersitz klein, nicht, dass irgendjemand denkt, *ich* könnte das Auto wegfahren. Zum

Glück ist das zumindest meinem Mann klar, denn sie kommen zurück. Maria ist beruhigt, aber in unserer Routenfindung sind wir keinen Schritt weiter und die Schlange hinter uns geht mittlerweile bestimmt bis Tokio.

Es ist immer noch keiner ausgestiegen und hat uns angebrüllt.

Da beschließt der Mann, dass es für ihn überhaupt kein Problem ist, zu uns ins Auto zu steigen und uns den Weg bis zur Herberge zu zeigen. Maria protestiert, ich fege kurz die Schinkenbrotkrümel zusammen, stopfe Schokopapiere in meine Handtasche und zwänge mich zu den Kindern nach hinten. An der Herberge angekommen, bedankt er sich und besteht drauf, zu Fuß seines Wegs zu gehen. Japaner. Ich liebe sie.

Am nächsten Morgen besichtigen wir als Erstes den Kiyomizu-dera-Tempel. Zum Glück sind wir früh dran, denn er füllt sich sehr schnell. Wir bewundern die hohen Holzstelzen, auf denen der Tempel steht, und laufen den gewundenen Pfad entlang zu dem Wasserfall, der dem Tempel seinen Namen gab: Kyomizu dera – reines Wasser. Es gehört zur Pflicht bei einem Besuch des Kiyomizu dera, mit einer Schöpfkelle einen Schluck aus dem Wasserfall zu trinken. Dem Wasser wird Gesundheit, ein langes Leben und Erfolg zugesprochen. Mist. Wir waren davon ausgegangen, dass man sich etwas wünschen darf. William wollte so gern ein Playmobil-Schiff.

Dann geht es zum Jishu-Jinja-Schrein, der dem Gott der Liebe geweiht ist. Da *müssen* wir hin. Auch wenn

Holger die Augen verdreht. Wir anderen sind romantisch. Gut, William schaut sich schon mal um, ob irgendwo sein Schiff daherkommt, aber wir Mädels steigen die Treppen zum Schrein hoch. Dort gibt es zwei Steinbrocken. Wenn man es schafft, mit geschlossenen Augen von einem zum anderen zu gehen, wird einem im nächsten Jahr die Liebe begegnen. So haben wir das verstanden. Paulina mit ihren sechzehn Jahren findet es selbstverständlich total peinlich mit geschlossenen Augen durch die Gegend zu laufen, aber die dreizehnjährige Maria ist da unerschrocken. Leider ist es ziemlich voll und Japaner mögen Körperkontakt ja nicht besonders, aber für die Liebe muss man mal eine Ausnahme machen. Am Ende trifft Maria zwar den Stein nicht, läuft dafür aber mindestens drei japanische Jungs über den Haufen, die sie allesamt um ein Foto bitten. Aha. So funktioniert der Stein also!

Außer uns befinden sich dutzende japanische Schulklassen mit ihren Englischlehrern hier, die anwesende Ausländer ansprechen und sie am Ende zu einem gemeinsamen Foto überreden sollen. Besonders scharf sind sie dabei auf den blonden William. Leider ist er nicht so sehr begeistert davon, tausendfach mit Victory-Zeichen machenden japanischen Teenies fotografiert zu werden, da müssen sie halt uns andere nehmen. Wir sind zwar nicht so kawai, also süß, aber dafür gern auf japanischen Sightseeing-Bildern.

Irgendwann erlöst uns der sogenannte Philosophenweg; ein alter, wunderschöner Steinweg mit traditionellen

Häusern auf beiden Seiten, in denen sich kleine Kunsthandwerksläden befinden. Wir Damen geraten in Verzückung, Holger in Schnappatmung. Offensichtlich der perfekte Zeitpunkt, das fürs Miho Museum gesparte Eintrittsgeld auszugeben. Ganz plötzlich wird uns klar, wie dringend wir winzige Sojasaucen-Kredenzfläschchen und passende Untersetzer, zwei winkende Katzen und eine in anmutiger Pose verharrende Maiko-Puppe brauchen.

Es gäbe noch viel mehr zu sehen, wie zum Beispiel den Sanjusangen-do, in dem 1001 Kriegerstatuen stehen, aber die Kinder haben genug. Für einen Tempel lassen sie sich aber dann doch noch begeistern: den Fushimi-Inari-Schrein. Er ist Inari gewidmet, dem Shinto-Gott von Reis und Sake. Und dem Fuchs, wenn ich es richtig verstanden habe. Auf jeden Fall ist hier ja für alle etwas dabei.

Tausende knallrote Tore winden sich über mehrere Kilometer den Berg hinauf. Wunderschön. Die Kinder spielen mit einer Katze, die uns begleitet, und wir machen viele Fotos. Einzig Paulina ärgert sich über die Tatsache, dass sie ein lila Sweatshirt trägt, das so unmöglich zu den roten Toren aussieht, dass sie jetzt die schönen Fotos nicht auf Facebook als Profilbilder hinzufügen kann. Ja, das ist schlimm.

Als wir auf dem Heimweg an der Küste von Mie anhalten, um ein bisschen im Treibgut zu stöbern, und dabei tolle Muscheln finden, ist sie wieder milde gestimmt.

In dieser Gegend rund um Toba gab es früher die berühmten Perlentaucherinnen, die nur mit einem

Messer und einem schwimmenden Korb bestückt über dreißig Meter in die Tiefe tauchten, um Perlen zu »ernten«. Natürlich nicht mit Sauerstoffflaschen, sondern mit Luftanhalten und das mehrere Minuten lang. Wahnsinn. Wir hätten gern das Szenario »Familie aus Deutschland findet zufällig zahlreiche Perlen am Strand und ist jetzt unfassbar reich« gehabt, aber leider ... Die Perlentaucherinnen gibt es nicht mehr, aber ein schönes Museum, in dem man sich Bilder und Werkzeuge anschauen kann.

Auch sonst ist es ein unvergleichlicher Urlaub, wenn man bedenkt, dass wir nur drei Nächte dort sind. Wir gehen Karaoke singen, besuchen das historische Gion-Viertel und dringen versehentlich in die Dreharbeiten einer echt schrillen japanischen Fernsehsendung ein, deren Moderator so groß ist wie ich und pinkfarbene Zöpfe und High Heels trägt. Genauso versehentlich haben wir alle echt viel Spaß miteinander und vergessen, dass wir eigentlich nie wieder miteinander unterwegs sein wollten. Und natürlich besichtigen wir den unglaublich schönen goldenen Pavillon-Tempel Kinkaku-ji. Wir versuchen dort, unsere Ein-Yen-Stücke in eine Steinschale zu werfen, was uns ewig währenden Reichtum garantieren würde. Nur William schafft es und klettert danach sofort durch die Absperrung, um seinen Yen wieder zurückzuholen, was diese These wohl bestätigt.

Mir wird klar, wie viel es in Japan noch zu sehen gibt, und ich bin mir sicher, uns wird die Zeit nicht reichen, alles anzuschauen. Aber nach Hiroshima möchte ich

unbedingt und nach Hakuba zum Skifahren, nach Hokkaido und natürlich nach Kyushu. Nagoya. Kobe. Osaka?
Vermutlich müssen wir einfach noch eine Weile in Japan
bleiben.

RAMEN-HUNGER

Auch in Japan wird es Herbst. Das merkt man daran, dass es erst mittags nur noch 22 Grad warm ist und wir vom Schlafzimmerfenster aus wieder den Fuji sehen können – aber vor allem merkt man es an einem ganz besonderen Phänomen: dem Ramen-Hunger.

Der Ramen-Hunger kommt plötzlich, ohne Vorwarnung, zu den unmöglichsten Zeiten und lässt sich durch nichts kompensieren, noch nicht mal durch Schokolade. Man kann sich nicht ablenken, an nichts anderes denken, muss sofort los und Ramen-Suppe haben. Eine Suppe, die einfach alles kann. Sie macht satt, froh und müde. Sie heilt schlechte Laune, kalte Hände, Erkältung, Husten und ganz bestimmt auch Liebeskummer. Jugendliches Aussehen, Zähigkeit und unendliche Geduld haben die Japaner nur, weil sie darauf achten, dass ihr Ramen-Pegel nicht absinkt. Deswegen gibt es überall rund um die Uhr geöffnete Ramen-Shops, sogenannte Ramen-Ya. Angeblich gibt es über zweihunderttausend davon in Japan. Ich glaub das sofort. Ramen ist die japanische Antwort auf alle Schnellimbisse dieser Welt. Nur in gesund. In Yokohama gibt es sogar ein ganzes Ramen-Museum, in dem man die Ramen-Suppen aus den verschiedenen Regionen Japans durchprobieren kann.

Am Anfang empfand ich diesen intensiven Brühegeruch vor allem am Morgen als eine olfaktorische Herausforderung. Aber man muss alles mal probieren. Und seitdem ich das getan habe, liebe ich Ramen und ich finde auch den Duft morgens am Bahnhof verführerisch.

Ramen kommen übrigens ursprünglich aus China, wurden aber in Japan wesentlich verbessert. Es gibt unendlich viele verschiedene Sorten, zum Beispiel Ramen auf Miso-Basis aus Hokkaido, Ramen mit Tonkotsu (Schweinefleisch) aus Kyushu, oder mit Shoyu (Soja-sauce), besonders beliebt in Tokio. Aber sie alle bestehen immer aus einer Brühe, die tagelang mit mysteriösen, natürlich streng geheimen Bestandteilen in riesigen Botti-chen gekocht wird. So genau will man das ja auch gar nicht wissen. Mein Favorit ist Tantamen, eine scharfe Ramen-Variation mit viel Sesampaste, Knoblauch, Ingwer und Hackfleisch. In die anderen gehören oft ein halbes hartgekochtes Ei und Nori (Algen), ein bis zwei Scheiben bunter Fishcake, Nudeln und viele Sojasprossen.

Ramen essen ist eine Kunst für sich. Ich bin ein Dilet-tant und mache es natürlich falsch. Die Japaner – zu denen sich beim Ramenessen auch mein Mann zählt – fangen sofort, wenn die kochend heiße Suppe vor ihnen steht, damit an, die Nudeln via Stäbchen mit vielen lauten Schlürfgeräuschen zu inhalieren. Dabei, sagt mein Mann, kühlen sie ab und entfalten erst ihren richtigen Geschmack. Ich kann leider die Schlürfintensität nicht steuern und muss mich entscheiden, ob ich schlürfen oder Nudeln im Mund haben will. Wenn ich beides versuche, landen die Nudeln direkt in meiner Luftröhre und mein Mann mur-melt irgendetwas von Frauen und Multitasking, anstatt mir liebevoll und fürsorglich auf den Rücken zu klopfen. Während ich also neben ihm ersticke, hält er mir einen Vortrag darüber, was Männer noch alles besser können (ich zumindest bin beeindruckt, wenn einer essen, einatmen und gleichzeitig noch angeben kann) und macht dabei zwischendurch diese schrecklichen Schlürfgeräusche. Ich nehme mir fest vor, ihn mit meinen Stäbchen zu erstechen, sobald ich wieder Luft kriege.

Die Ramen-Shops sind immer winzig und bestehen oft nur aus einer Theke, ein paar Barhockern und einem Wasserspender. Sie haben entweder Speisekarten, Plastikversionen der verschieden Ramen-Variationen im Schaufenster oder einen Automaten, auf dessen Tasten Suppenbilder und Preise stehen. Man bezahlt, drückt auf die Taste und bekommt ein Kärtchen. Einen solchen Automaten hat der Ramen-Shop am Bahnhof in Kaminoge, in dem Kerstin und ich »Ramen essen für Fortgeschrittene« gehen. Dieser Laden ist noch winziger als alle anderen und hat nur mittags offen. Er befindet sich in einer umgebauten Garage. Außer den Suppenköchen und der Theke passen vielleicht noch acht Esser hinein, davor warten normalerweise mindestens doppelt so viele. Auf dem besagten Automaten dort gibt es allerdings keine Bildchen, nur orange, blaue und gelbe Tasten. Ich entscheide mich für orange, in Anlehnung an die Farbe meines Tantamen. Kerstin nimmt blau. Ein Abenteuer! Wir bezahlen also, nehmen die ausgespuckten Plastikstücke in der jeweiligen Farbe, legen sie vor uns auf den Tresen und warten. Während des Wartens ist es üblich, sich schon mal die Stäbchen zu nehmen, sie auseinanderzubrechen und aneinander zu reiben. Dann wischt man sich die Hände an einem feuchten Tuch ab. Was man auf gar keinen Fall tun darf, ist, an die Decke, auf den Boden oder in die Töpfe zu schauen. Weil man sonst Dinge sieht, die man nicht sehen möchte … Die Köche sind fleißige, hart arbeitende Männer. Eine Geschirrspülmaschine gibt es nicht und sie haben genug damit zu tun, in den Bottichen zu rühren, Fleisch zu schneiden, Sojasprossen abzukochen und so weiter. Putzen steht auf ihrer Liste ganz weit unten. *Wirklich* schmutzig ist es nicht, aber die Jungs tragen immer Gummistiefel.

Auf einmal spricht einer der Köche mit mir. Auf Japanisch. Und ich verstehe ihn. Ich bin schockiert. Die anderen Gäste finden die Konversation offensichtlich auch sehr spannend, denn von circa 47 Dezibel Schlürfgeräusch auf null, das fällt auf. Ich sage: »Domo, sumimasen, arigatoo!« Bestimmt kann sich der Koch das Passende raussuchen. Er wollte wissen, ob ich wirklich eine große Portion wolle. »Dajoobu desu ka?« Ich bezweifle, dass ich überhaupt die normale Portion bewältigen kann, wenn selbst die Bauarbeiter rechts von uns nicht alles schaffen. Daraufhin bekomme ich von ihm fünfzig Yen, er nimmt mir meine schöne orangefarbene Karte weg und ersetzt sie durch die blaue, die auch Kerstin hat. Jetzt heißt es Daumen drücken. Die Ramen, die wir bekommen, sehen extrem lecker aus. Berge von Sojasprossen, darauf ein paar Scheiben zartes Fleisch. Kein Fett. Glück gehabt. In andächtiger Stille und unter höchster Konzentration schaffen wir die Hälfte und brauchen doppelt so lange wie alle anderen, aber dafür genießen wir jeden Bissen. Ich finde, so gehört sich das! Und essen *und* genießen gleichzeitig ist auch Multitasking!

WEIHNACHTSSTIMMUNG

Weihnachtsstimmung im Hause Hutzenlaub entsteht irgendwie nur schleppend. Oder geballt. So holen wir zwar in bester Absicht die Kiste mit der Weihnachtsdeko vom Dachboden, aber das dumme Zeug packt sich nicht wie erwartet selbst aus! Unmöglich ist das! Dabei konnte ich mir so gut vorstellen, wie die gute Stube bei Plätzchenduft, Kerzen, lieblicher Weihnachtsmusik und Schneegestöber in weihnachtlichem Glanz erstrahlt.

Nichts erstrahlt hier.

Die Kinder geben alles und singen lautstark Weihnachtslieder – leider aber jeder ein anderes. William findet, sein Weihnachtlied müsse unbedingt mit Polizeisirenen-Gekreische untermalt werden, aber klar im Vorteil ist Paulina, denn sie kann laut singen und gleichzeitig Klavier spielen. Begleitet wird das Ganze von meinem Mann, der in unmittelbarer Nähe Plastikflaschen zertritt, damit sie besser in den Container passen. Das Telefon klingelt. Lilli nutzt den Moment, um mir eine weitere Fünf im Vokabeltest unter die Nase zu halten. Und der Geruch, der sich im Haus verbreitet, kommt keineswegs von zart duftenden Vanillekipferln. Nein, es ist der Topflappen, der auf der nicht ganz ausgestellten Herdplatte liegt. Von Schneegestöber kann auch keine Rede sein, denn wenn ich *einmal* für schlechtes Wetter bin, dann scheint garantiert die Sonne. Das Weihnachtsmärchen, das ich gern mit William lesen würde, ist unauffindbar, und auf der Couch ist sein kompletter Fuhrpark aufgebaut, schließlich

»wollen es meine Autos auch mal so gemütlich haben wie du, Mama«.

Um diese Zeit herum fällt auch besonders auf, was für ein mehr oder weniger tannenloses Land Japan ist. Das mit dem Weihnachtsbaum ist also entweder eine sehr kostspielige oder aber aussichtslose Angelegenheit. Aber trotzdem: Kein Weihnachtsbaum? *Skandal!* Ich habe die Rechnung ohne William gemacht. Normalerweise ist mein Sohn enorm entspannt, sanft und zurückhaltend. Es sei denn, er hat eine feste Vorstellung. Und die ist: Ohne Baum geht hier gar nichts. Ihm ist durchaus bewusst, dass das Problem nicht nur an meiner mangelnden Kauffreude liegt, sondern dass es hier einfach per se schwierig ist. Zum Glück gibt es Kawai-San, den Gärtner, der hier die Häuser betreut und Williams bester Freund ist. Sie sprechen nicht miteinander, aber irgendwie schaffen sie es doch, zu kommunizieren. Kawai-San steigt für meinen Sohn auf seine höchste Leiter und kappt die Spitze einer Tuja. Also, näher kann man einem Weihnachtsbaum hier fast nicht kommen. Jetzt kommt auch die Weihnachtskiste zum Einsatz, weil »da müssen rote Bälle dran«. Und ein goldener Stern obendrauf. »Rote Bälle« in der richtigen Größe habe ich sogar und bei dem goldenen Stern lässt sich der Bub mit einer pinkfarbenen Geschenkverzierung abspeisen. Schlussendlich muss ich zugeben, dass sich seine Hartnäckigkeit gelohnt hat. Beim Anblick der geschmückten Tujaspitze fühle ich fast so etwas wie weihnachtliche Vorfreude. Kann auch daran liegen, dass es jetzt endlich regnet.

An Weihnachten stellt sich bei mir Heimweh ein. Nach der Kälte, den Kerzen, dem Weihnachtsmarkt, meinen Freunden, meinen Eltern. Frühstücken im Café. Sauna. Ich vermisse sogar das Frieren, weil das Aufwärmen so schön ist. Ich vermisse den Weihnachtsgeruch. Das Christbaum-Loben und die tausend verschiedenen Plätzchen, die meine Freundinnen gebacken haben und die viel besser schmecken als meine. Was ich allerdings definitiv nicht vermisse, ist das Eiskratzen.

Aber heute ist echt was Besonderes. Heute ist nämlich Kokeshi-Sale. Kokeshi-Dolls sind Holzpuppen zum Aufstellen. Traditionelles Kunsthandwerk. Formschön. Bereichernd. Ein bezauberndes Andenken an Japan. »Ach, so ein Briefbeschwerer-Ding?«, würde mein Mann sagen. Es ist kein Wunder, dass Kerstins Auto mit vier Damen besetzt ist und auch während des Vormittags außer dem uralten Kokeshi-Puppen-Verkäufer kein Mann zu sehen ist. Dieser Verkauf findet zweimal im Jahr statt und der Zeitpunkt ist spitze, weil Kokeshis dankbare Geschenke sind. Alle anwesenden Damen sind anfällig für den hemmungslosen Andenken-Kaufzwang-Virus und der ist ansteckend. Hemmungsloser Kaufzwang ist in meinem Fall völlig unangemessen, denn wir haben bereits viel Geld für eine Reise nach Vietnam ausgegeben und das, was noch nicht mal mehr übrig war, hat mein Mann in ein Weihnachtsgeschenk für mich investiert: einen alten, schwarzen, glänzenden, tollen, hinreißenden Käfer. Ein großartiges, passendes und völlig uneigennütziges Geschenk. Ich bin sehr verliebt und könnte ihn den ganzen Tag anhimmeln. Den Käfer, nicht den Mann. Obwohl ich natürlich auch zu dem ein bisschen netter bin.

Also, eigentlich wäre ich ja versorgt, was Geldausgeben angeht. Aber ich will ja nur was Kleines, Überflüssiges zu Weihnachten für meine Mutter kaufen … Wir betreten das mit Kokeshi-Puppen gefüllte Wohnzimmer. Oh. Kerstin, Maria und Anette haben schon glänzende Augen und die Schuhe aus.

Ich spüre, hier muss ich sehr stark sein.

Kerstin hat sich schon drei Puppen vorbestellt, von einem alten Künstler, der gar nicht mehr malt. Also, diese Art gibt es gar nicht mehr. Uuuhhh, also schön sind die und selten und kostbar … Nein. Konzentration! Nur schauen. Die Puppen sind riesig und teuer. Zwei gibt es noch. Na ja, zur Not hab ich ja mal prophylaktisch ein bisschen mehr Geld mitgenommen. Will ich diese Puppen haben? Nein, andersrum: Kann ich auf diese Puppen verzichten? Werde ich es nicht mein Leben lang bereuen? Ich muss, ja ich *muss* diese Puppen kaufen! Es hilft alles nichts. Und dann noch eine kleine, nicht so teure für meine Mutter und … Beschwingt und pleite besteigen wir Kerstins Auto. Das Taschengeld kann ich den Kindern ja auch noch nächste Woche geben.

Stolz betrete ich unser Haus und wickle als Erstes meine zwei neuen Kostbarkeiten aus. Schön sind sie. Ich könnte sie am Eingang auf unsere Kommode stellen. Nein, dafür sind sie zu groß. Vielleicht auf den Tisch in unserem »offiziellen« Esszimmer? Dumm nur, dass sie dann garantiert umfallen, sobald einer an den Tisch stößt, was oft passiert. In die Küche passen sie nicht, da ist kein Platz. Im Schlafzimmer wäre es eine Verschwendung und außerdem wäre der einzige mögliche Platz dort ein kleines Möbelstück, auf dem die momentan enorm beschämte Dame des Hauses immer gern ihre Kleider ablegt. Kleider dann immer gleich wegräumen nur wegen den Puppen? Mhm. Eher nicht.

Wie ich also so dastehe mit den beiden Puppen in der Hand, wird mir plötzlich klar: Ich werde sie weiterverkaufen! Genau! Kerstin wollte sowieso noch eine große Puppe und die mittlere will sie dann vielleicht auch. Ich fühle mich unglaublich befreit und erleichtert. Und ja, doch, wenn man von dem klitzekleinen Umweg absieht, dann kann ich auch ein bisschen stolz auf mich sein, wie wenig Geld ich ausgegeben habe. Dafür muss ich jetzt natürlich die kleine Puppe selbst behalten, die ich ursprünglich für meine Mutter gekauft habe, aber ich finde hier bestimmt schnell was anderes Überflüssiges, das ihr und mir Freude macht.

DER BERG RUFT!

Nicht etwa irgendein Berg, nein, es ist der weltberühmte, viel bestiegene und Ehrfurcht gebietende Fujiyama-San, kurz Fuji, der eigentlich mein Freund ist. Wir kennen uns zwar nicht besonders gut und bisher auch nicht persönlich, aber immerhin sehe ich ihn jeden Morgen vom Schlafzimmer aus (womit der Vermieter auch den horrenden Mietpreis begründete). Allerdings nicht im Sommer, da trüben feuchte Luft und Smog den Fuji-Blick. Keiner von uns hat ihn jemals bestiegen, obwohl das fast grundsätzlich das Zweite ist, was wir gefragt werden, wenn wir sagen, dass wir in Japan wohnen. Gleich nach: »Und? Wie ist das so mit dem rohen Fisch?«

Aber es gibt da dieses Sprichwort: »Wer einmal auf den Berg Fuji steigt, ist weise. Wer ihn zweimal besteigt ist ein Narr.« Und wer von uns will nicht weise sein? Die einzige verbleibende Frage ist: Gilt hochfahren auch? Oder vielmehr: hochfahren Ende Januar mit *Sommerreifen*?

Es ist Samstag, strahlender Sonnenschein und es hat pflichtschuldigst auch schon ordentlich gewackelt und geschneit, zumindest auf dem Berg. Was sollte man an einem solchen Tag in Japan sonst tun, außer am Fuji Schlitten fahren zu gehen? Wenn es schneit, dann wird es glatt. Das wiederum ist eine alte Winter-Autofahrer-Weisheit. Aber, sagt mein Mann, und schon beim *Aber* krieg ich die ultimative Ehefrau-auf-Beifahrersitz-Krise, in Tokio sei schließlich schönes Wetter und die Straßen zum und am Fuji sicher frei. Und *er* könne ja im

Gegensatz zu mir Auto fahren und erklärt mir dann, wie man sich im Falle eines Falles bei Automatikgetriebe und glattem Untergrund zu verhalten hat. Kollektives innerliches Augenverdrehen. Aber wir wollen alle sehr gern Schlitten fahren, deshalb beiß ich mir auch auf die Zunge und sage nichts. Unser Hinweg verläuft ruhig, stress- und staufrei, was uns eigentlich schon zu denken geben sollte. Am Fuße des Fuji befindet sich so was wie ein Informationszentrum mit Wanderschildern, obligatorischen Souvenirs und netten uniformierten Damen, die einem erklären, was man rund um den Fuji so alles erleben kann. Immerhin zwei Routen führen zu einem Kinderland mit Schneepiste, wobei es dort angeblich eher selten Schnee gibt, dafür aber einen Safaripark. Außerdem kann man sich anschauen, wie weit und wie steil man theoretisch laufen muss, wenn man den Gipfel besteigen will. Was selbstverständlich nur im Juli und August geht. Wir entscheiden uns für das Kinderland Kodomonokuni und die Route rechts um den Fuji rum und verlassen das Gebäude. Irgendwie ist die Sonne weg. Außerdem tanzen die ersten Schneeflocken so ganz pseudoromantisch und harmlos vom Himmel. Wir ignorieren das, denn laut meinem Mann »kommt's dahinten schon wieder ganz hell«.

Nach zwei Kilometern sehen wir den ersten Schnee am Straßenrand. Nach fünf Kilometern auch auf der Straße und ab Kilometer zwanzig fahren wir über eine geschlossene Schneedecke. Begeistert ist vor allem William, denn der hat in seinen vier Lebensjahren noch nie Schnee »in echt« gesehen. Mein Mann macht das mit dem Autofahren

in der Tat ganz spitze, aber ich fände es durchaus ange-
bracht, wenn er jetzt auch die Schneeketten anlegen
würde, die hier zu Recht Pflicht sind.

»Schneeketten? Was für Schneeketten?«, fragt mein
Mann und hat Glück, dass ich mir im Klaren darüber bin,
dass ein gezielter Hieb gegen seinen Oberarm die Sicherheit im Straßenverkehr gefährden würde. Es schneit zwar
mittlerweile richtig, aber er findet das großartig, denn
schließlich sei er quasi mit dem Lenkrad in der Hand und
Schnee unter den Füßen geboren worden.

Leider kann man die Straßenschilder jetzt nicht mehr
lesen, selbst wenn man Japanisch könnte, denn eine dicke
Schneehaube bedeckt die Schrift. Aber unser Navi sagt,
dass wir gleich da sind. Bisher sind uns insgesamt nur vier
Autos begegnet. Schlecht, sollten wir hängen bleiben.
Gleichzeitig gut, weil so müssen wir niemandem auswei-
chen und keiner uns. Handyempfang gibt es auch nicht,
denn wir befinden uns schließlich in der wilden Natur.
Als wir um die nächste Kurve biegen, liegt plötzlich ein
riesiger Parkplatz mit Bussen und tausend Autos, zwei
Skiliften und vielen Menschen vor uns. Das ist auf alle
Fälle nicht das Kodomonokuni, sondern eine Skipiste.
Das sieht man daran, dass hier statt Kindern viele enorm
gestylte Menschen mit Snowboard-Accessoires durch die
Gegend laufen, während J-Pop aus Millionen von Boxen
dröhnt. Wir diskutieren, was wir jetzt machen. Wie überall in Japan sind solche Freizeitaktivitäten ziemlich teuer,
aber man ist nur einmal jung und ich fahre jetzt auch
nicht gleich wieder da runter, bloß weil wir auf einmal

finden, hundert Euro für zwanzig Meter Schlitten fahren seien zu teuer! Immerhin bekommt man für den Preis einen Plastikbob und man kann das Skilift-Förderband mitbenutzen. Das ist doch quasi geschenkt! Was ich nur so halb verstehe, ist, warum mitten auf der Schlittenbahn ein orangefarbenes Netz gespannt ist, das einen zwingt, nach zehn Metern aufzustehen, darum herumzulaufen und weiterzufahren. Möchte man die Strecke am Stück fahren, muss man jemanden finden, der einem das Netzt hochhebt. Heimlich natürlich, denn diese enorm wichtige Sicherheitsvorkehrung wird gut bewacht. Ebenfalls strengstens verboten ist das Runterrodeln auf den unberührten Nebenhängen, die frei von Skifahrern, Liften und Netzen ganz laut rufen: »Kommt!« Wir riskieren mehrfach eine Verwarnung, die natürlich immer überaus höflich vorgebracht wird, und geben vor, nichts zu verstehen. Irgendwann kommt aber leider ein englischsprachiger Mensch und erklärt uns langsam und deutlich, dass wir das Wohl der Menschheit aufs Spiel setzen. Na guuut. Wir gehen ja schon außenrum und haben auch gar keinen Spaß mehr. Versprochen.

Wie erwartet kann man damit meine Kinder auch nicht länger als eine Stunde fesseln und das ist schon echt lang, wenn man bedenkt, dass keiner von denen eine Skihose anhat. Okay. Es ist viel Geld für eine Stunde und manche verbringen hier den ganzen Tag, aber die haben auch Skier oder Snowboards dabei, mögen japanische Popmusik und haben *Schneeketten*, was bedeutet, sie müssen nicht innerlich die ganze Zeit hysterisch an die Heimfahrt denken so wie ich. Jetzt schneit's ja auch endlich wieder. Dicke Flocken machen jegliches Schlittenfahren unmöglich, man sieht einfach gar nichts mehr. Selbst Holger findet, es wäre zu riskant zu bleiben, außerdem hat er Hunger. Unten am Fuji gibt es eine Pizzeria und auch ein riesiges Outlet mit Gap und Starbucks und … perfekt, um sich ein wenig aufzuwärmen. Den Weg kennen wir ja jetzt. Neu ist allerdings, dass sich bereits an der ersten Leitplanke ein Kleinwagen in dieselbe gebohrt hat, das Auto vorne komplett eingedrückt, die Airbags offen. Auf meine »Brauchen Sie Hilfe?«-Geste lächeln die beiden jungen Insassen freundlich und strecken mir die Daumen entgegen. Hier ist es wohl so, dass man die Polizei ruft und das Auto nicht verlässt, bis sie kommt, um sich selbst nicht zu gefährden. Ich wäre gern ausgestiegen und hätte irgendwie geholfen, aber bei Holgers Bremsversuch macht das Auto komische Geräusche und rutscht selbst ein bisschen. Genug, um solche Manöver in Zukunft zu unterlassen. Am Straßenrand stehen einige Autos mit und ohne Schneeketten und scheinen auf irgendetwas zu warten. Nur auf was? Gestreut wird hier nicht. Geräumt schon, aber nur selten, und jetzt sowieso nicht mehr, weil die Straßen von stehen gebliebenen Autos verstopft sind. Vorsorglich haben die Menschen in den Autos Decken ausgebreitet und trinken Tee. Wollen sie etwa die ganze Nacht hierbleiben? Und wenn ja, was wird denn dann aus uns? Noch kann man auch vorsichtig auf der rechten Straßenseite, also der für bergauf, an den Autos vorbeifahren. Die ist nämlich frei. *Komisch* … Ich habe einen akuten Anfall von Respekt vor den Fahrkünsten meines Mannes und diesmal meine ich es echt so. Leider können auch wir jetzt nicht mehr weiter, weil ab und zu doch ein Polizeiauto oder ein Abschleppwagen nach oben fährt. Wozu eigentlich? Die kommen ja dann auch nicht mehr runter. Aber egal, noch sind wir alle guter Dinge. Maria muss aufs Klo und das ist doof, weil sie jeder sehen kann hinter ihrem Busch, aber sonst haben wir keine Probleme. Das heißt, Maria dann schon, denn aus dem Auto aussteigen bedeutet, sofort in den Schlittschuh-Modus umschalten zu müssen. Und jetzt weiß ich auch, warum die Leute in ihren Autos bleiben. Die Straße ist spiegelglatt und Maria legt den Weg zurück zum Auto auf Knien und Händen zurück.

Es wird langsam dunkel. Und wir stehen still hinter und vor vielen Autos, die heute garantiert keinen Meter mehr fahren werden.

Wir befinden uns im Navi-Niemandsland. Weit und breit gibt es keinen Ort, kein Haus und schon gar keine Pizzeria, die uns mit ihrem warmen Lichtschein willkommen heißt. So kann das nicht weitergehen. Wir können ja schließlich nicht hier übernachten. Wobei, was haben wir denn für eine Wahl?

Oh, wir haben eine! Eine großartige, schlaue *Spitzenwahl!* Natürlich kommt die Idee von meinem Mann. Der nämlich schickt mich mit meinem Handy auf die kalte, spiegelglatte Fahrbahn. Ich soll mal ein bisschen vorauslaufen und schauen, ob die Straße frei ist, und ihn dann anrufen. Dann will er solange es geht immer so weiterfahren, bis wir schließlich glücklich und zufrieden am Fuße des Berges angekommen sind. *Toll.* Ich laufe also los. Am Fahrbahnrand gibt es auch tatsächlich noch ein bisschen Schnee, auf dem man unfallfrei gehen kann, und komme an eine Kreuzung, auf der sich sieben Fahrzeuge ineinander verkeilt haben. Da klingelt auch schon mein Telefon.

»Warum rufst du mich nicht an?!« Ja, warum eigentlich nicht? Vielleicht, weil ich damit beschäftigt bin, nicht auszurutschen und sowieso keinen Durchgang sehe?

»Egal, ich bin schon losgefahren, wo kann ich durch?« Ähm, nirgends? Ich kann nichts sehen, weil sich direkt vor mir ein Lastwagen aus der Schlange löst und losfahren will.

»Ich bin gleich hinter dem Lastwagen!«, sagt Holger und dann bricht die Verbindung ab. Aber ich kann eh nicht mehr telefonieren, der Lastwagen kommt nämlich ins Rutschen. Immer wieder sehe ich unseren silbernen Bus dahinter auftauchen. Der Lastwagenfahrer entscheidet sich klugerweise für die Bergseite und lässt sich einfach an den Berg rutschen. Gut für ihn. Schlecht für uns. Holger kann natürlich auf keinen Fall bremsen. Es gibt nur einen Weg an dem Lastwagen vorbei, doch da stehe ich ja noch und habe absolut keine Ausweichmöglichkeit, denn wir befinden uns an einer dieser Leitplanken-vor-Abgrund-Stellen. Da reißt die Brut das Fenster auf und brüllt: »MAMA! SPRING!«

Die opfern mich! Das denke ich natürlich in diesem Moment nicht, sondern bringe mich mit einen total

James-Bond-mäßigen Sprung über die Leitplanke in Sicherheit. Okay. Da geht's zum Glück nicht ganz so weit runter, nur vielleicht einen Meter. Aber das konnten die ja gar nicht wissen. Kinder, Mann und Auto sind gerettet. Aber auf *mich* hätten sie gut verzichten können. Darüber muss ich noch mal nachdenken.

Holger hat einen Platz unter einer Laterne gefunden, an dem der Boden frei ist, und wartet dort auf mich. Nachdem ich mir Tannennadeln und anderes Geäst von der Jacke geklopft und meine zahlreichen Blessuren gezählt habe, mache ich mich auf, um mit meiner Familie gemeinsam am Fuji zu nächtigen.

Da habe ich allerdings nicht mit meinem Mann gerechnet, der schon aus dem Auto ausgestiegen ist und sagt: »Jetzt geh *ich* mal.« So, als ob das jetzt endlich mal richtig gemacht werden müsste. Kaum ist er ein paar Minuten weg, setzt sich der Verkehr in Bewegung! Das gibt's doch nicht! Und von meinem Mann weit und breit keine Spur.

Sein Telefon ist aus. Oh, wie gern ich ihm jetzt den vorhin versäumten Hieb verpassen würde! Die Mädels finden, ich solle halt dann jetzt endlich auch mal fahren. Aber das hier ist ein *Bus!* Und ich hab Schiss. Aber was *der* kann, kann ich auch, oder? Ich rutsch also rüber. Das Auto leider auch. Mein zweisekündiger Versuch ist eindeutig gescheitert. Immerhin hab ich dabei nichts kaputt gemacht.

Holger kommt zurück und ist zuversichtlich. Gut, das zehnprozentige Gefälle in Kombination mit den Haarnadelkurven ist schon unangenehm, aber er traut es sich zu.

Der Held! Wir fahren. Nicht weiter als eine Kurve, denn vor uns hat sich ein Bus in den Graben geneigt und an dem kommen wir jetzt einfach nicht mehr vorbei. Rechts geht zwar eine kleine Straße ab, aber die ist komplett unbeleuchtet, und ich sehe uns schon wieder in den Schlagzeilen vor mir.

Plötzlich kommt ein minikleines Auto mit Ketten an uns vorbeigefahren und hält an der Abzweigung. Der Aufkleber auf dem Auto zeigt den Fuji und ein Auto im Straßengraben. Das verstehe ich. Unsere Rettung! Offensichtlich haben wir uns den allerbesten Standort ausgesucht, denn über die kleine Straße kommen anscheinend die ganzen Abschleppwagen, die die Japaner aus ihren Autos angerufen haben und auf die sie jetzt mit Tee und Decken warten. Leider kommen diese Abschlepper gar nicht bis zu ihren Kunden durch. Aber sie bieten an, uns für zehntausend Yen (also hundert Euro) in die Stadt zu schleppen! Das, finde ich, ist der beste Vorschlag, den mir heute ein Mann gemacht hat. *Mein* Mann hingegen ist fast ein bisschen beleidigt. Er hätte uns da *selbstverständlich* auch runterfahren können, wenn er gewusst hätte, dass es da rechts in die Stadt geht und keiner ihm den Weg versperrt. Aber wir sagen ihm alle (und meinen es auch so), dass er das ganz großartig gemacht hat. Und er kriegt auch nach der Pizza noch einen Nachtisch und ich den obligatorischen Schnaps.

ADAM & EVE – DAS GRAUEN HAT EINE ADRESSE!

Kerstin und ich haben uns alle Wellness der Welt verdient. Als Mutter von vier Kindern ist kein Weg zu weit und kein Wellness-Programm zu schräg, um meine Betriebsenergie aufrechtzuerhalten. Eigentlich ist es natürlich völlig egal, wie viele Kinder man hat – Mütter müssen trotz Alter, Schwerkraft, schlecht gelaunten Teenagern und trotzigen Kleinkindern das Leben und sich selbst schön finden. Das geht nur mit gewissen Investitionen in Wohlbefinden und Pflege. Und ab und zu ein wenig Schokolade.

Aber in diesem besonderen Fall kommen noch besondere Umstände hinzu. Kerstin und ihre Familie gehen nämlich in einer Woche nach Deutschland zurück. Einfach so! Für immer! Das ist natürlich unerhört, denn schließlich ist Japan ohne Kerstin und ihre Familie einfach nicht komplett. Sie musste deswegen auch schon die obligatorische Sayonara-Party halten, die im Allgemeinen auch problemlos durchzuführen ist, es sei denn, man lädt Menschen mit ihren Kindern ein, die gerade offiziell eine Magen-Darm-Grippe beendet haben und auf gar keinen Fall mehr ansteckend sind. Im Ergebnis bedeutet das: Von den dreißig Gästen mit weiteren dreißig Kindern wohnten mindestens fünfzig drei Tage lang auf dem Klo. Ooooohhhh, ging's mir schlecht! So schlecht, dass ich mich noch nicht mal daran erfreuen konnte, dass man bei so was ja mindestens hundert Gramm abnimmt.

Um den Kummer und die körperlichen Strapazen der letzten Tage zumindest ein wenig abzumildern und weil der letzte gemeinsame Dienstagsausflug ansteht, haben wir uns etwas ganz Besonderes ausgedacht.

Kerstin und ich gehen sehr gern in den Onsen bei uns in der Nähe. Dort kann man alle nur erdenklichen Reinigungsrituale vornehmen. Im Nassbereich stehen in langen Reihen Spiegel auf Kniehöhe mit Duschschläuchen und umgedrehten Eimern davor. Neben jedem Duschschlauch befindet sich eine große Flasche Shampoo, Spülung, Body-Wash, Desinfektionszeug fürs Gesicht, ein kleineres Wännchen zum Übergießen und Einwegrasierer. Als Erstes spült man mit Seife den umgedrehten Eimer und setzt sich. Nackt. Höchste Konzentration bitte bei der Verwendung der Kosmetikartikel, denn Desinfektionsschaum kann an der falschen Stelle aufgetragen zu Hautirritationen führen – *oh ja!* Dann kann man sich hier zum Beispiel hemmungslos die Beine rasieren und allerlei andere rituelle Waschungen vornehmen. Ich schau ja nicht so genau hin, aber ich hab da schon Dinge gesehen! *Dinge!* Die hätt ich den sonst so zurückhaltenden Japanerinnen gar nicht zugetraut, aber im Onsen gelten andere Regeln und ich bin außerdem vermutlich verklemmt. Allein Kleider waschen, Tattoos haben und Haare färben ist in unserem Onsen nicht gestattet. Das Wasser übrigens ist nur knietief und brühend heiß. Dafür findet sich immerhin ein Getränkeautomat ganz nah am Becken. Man muss nur jemanden finden, der freiwillig aufsteht und etwas holt. Da liegt man dann und ist froh. Und wenn man ganz schrumpelig ist, geht man wieder raus. *So* geht Onsen. So geht Entspannung. Aber wir wollen ja wieder mal noch eins draufsetzen, Kerstin und ich. An unserem letzten Ausflugstag. Ein Abenteuer wollen wir erleben. Ja, wir wollen unseren Enkeln noch von diesem ultimativen, großartigen Japanerlebnis erzählen. Und deshalb gehen wir zu *Adam & Eve.*

Wir erwarten: das Paradies.

Wir finden heraus: DER VORHOF ZUR HÖLLE hat einen Namen.

Adam & Eve befindet sich um die Ecke der chinesischen Botschaft und sieht schon von außen ziemlich schräg aus. Das dreieckige Gebäude ist mit grün-braunen Eternit-Platten verschalt und die Fenster scheinen sie vergessen zu haben. Außerdem wird es mehr oder weniger von den Beamten der chinesischen Botschaft umstellt, aber meine ehemalige Nachbarin Terri, eine Koreanerin, die immer sehr jung und sehr gepflegt aussieht, hat mir einst gesagt, das sei eine »Once in a Lifetime«-Erfahrung, die man nie vergessen würde. Wie Recht sie hat.

Dafür, dass im *Adam & Eve* alles ziemlich klein und eng ist, ist es zum Ausgleich doppelt so teuer. Hinzu kommt noch das »Korean Body Scrub«, das uns Terri empfohlen hat und das wir natürlich sofort dazubuchen, schließlich wollen wir hinterher auch so eine Pfirsichhaut wie sie haben.

Im Umkleideraum deutet nichts auf das hin, was wir gleich erleben werden. Harmlos, vertrauenerweckend, ja, einlullend warm und gepflegt ist es. Nur ein bisschen leer. Um genau zu sein, wir sind ganz allein. Aber auch das macht nichts, denn dann muss ich wenigstens nicht immer so krebsmäßig mit dem Rücken zur Wand laufen, um meine Tätowierung zu verstecken.

Vor uns die obligatorischen Spiegel-Reinigungsplätze. Daneben ein kleines Becken mit heißem Wasser und eines mit kaltem. Auch wenn uns die Architektur dieses Gebäudes im Prinzip schon hätte sagen müssen, dass das alles ist, was wir bekommen, fragen wir nach, ob es einen Außenbereich gibt. Die Dame im Reinigungsdress, die irgendwo um uns rumsaugt, lacht. Wir haben's uns ja auch schon irgendwie gedacht.

Überall, bis auf im eigentlichen Baderaum, liegt ein hochfloriger Teppichboden. Gruselig, aber ich muss zugeben: Hier passt es auch ganz gut zum Ambiente. Der Baderaum selbst ist weiß gekachelt. Schlachthofmäßig. Es tropft von den Wänden und der Decke. Alles plätschert und rauscht, untermalt vom Sauglärm draußen. Nebel wabert. Ich möchte entweder sofort einen Krimi drehen oder ganz schnell raus hier. Aber stattdessen setzen Kerstin und ich uns auf den Rand des heißen Beckens und harren der Dinge. Bis zu unserem »Body Scrub« sind es noch zwanzig Minuten, die echt zäh vergehen. Aber wir gehen davon aus, dass diese Anwendung alles andere wettmacht und Inspiration für den paradiesischen Namen dieses Onsens ist.

Vor uns liegt die größte psychophysische Herausforderung, seit wir Kinder geboren haben.

Den Plastikvorhang am anderen Ende des Raumes nehmen wir wohl wahr, halten ihn aber als Abtrennung vor technischem Gerät oder Reinigungsutensilien.

Ein Fehler, fürwahr.

Das erkennen wir jetzt, als plötzlich hinter dem Vorhang ein flackerndes Neonlicht angeht.

Schemenhaft können wir mehrere Metallpritschen und die Bewegung zweier Gestalten erkennen. Wasserschläuche werden schwungvoll auf- und wieder zugedreht. Unsere Gänsehaut kommt nicht nur von den eiskalten Wassertropfen, die von der Decke in unserem Nacken landen. Jetzt endlich macht sich auch unser *Instinkt* bemerkbar!

Der Vorhang teilt sich. Fassungslos starren wir auf das, was wir da sehen. Zwei 1,50 Meter kleine, fast quadratische, mindestens siebzigjährige koreanische Frauen stehen breitbeinig vor uns. Sie tragen schwarze Liebestöter-Unterhosen bis über den Bauchnabel und dazu schwarze Spitzen-BHs. Beide grinsen diabolisch, während sie die Fingerknöchel knacken lassen. Mit einer grimmigen, ruckartigen Kinnbewegung teilen sie uns mit, ihnen zu folgen. Ich hab Angst!!! Selbstverständlich sprechen sie nicht mit, sondern nur über uns. Wir können sie ohnehin nicht verstehen. Ihr abfälliges Lachen braucht allerdings keine Übersetzung. Kerstin drückt meine Hand. Ob wir uns noch mal lebend wiedersehen?

Da lieg ich auch schon auf dem Rücken. Nackt. Ausgeliefert. Ich habe meine Augen und meinen Mund in Erwartung eines eiskalten Wasserstrahls oder Schlimmerem fest zusammengekniffen und stelle mir vor, ich sei James Bond.

Erstaunlich warm trifft mich der erste Wasserstrahl und jetzt weiß ich auch, an was mich das Ganze erinnert. Es hat eindeutig was von einer Autowaschanlage. Als das Wasser wieder aus ist, wage ich einen winzigen Blick. Durch meine halb geöffneten Augen sehe ich, wie sich die Koreanerin mit geschmeidigen Bewegungen Handschuhe überstreift. Ich will hier weg! Aber da hat sie schon mit einer Hand meinen Oberschenkel gepackt und fängt mit der anderen an, mich zu schrubben. Aaah! Aaahh! Auaaa! Ich kann mich nicht bewegen, ich kann nur daliegen und hoffen, dass dieser Albtraum bald vorüber ist. Was sie da abträgt, sind all meine sieben Hautschichten auf einmal! Achselhaare mit der Pinzette zupfen ist ein Witz dagegen. Diese Handschuhe sind mit Sicherheit aus *Stahlwolle* gestrickt! Ach, was sage ich, aus *Schmirgelpapier!* Und zwar aus dem *groben!* Ich glaube, mir wird schlecht. Mein Bein wird hochgehoben, aufgestellt, von links nach rechts gedreht, von oben nach unten geschrubbt und wieder zurück auf die Pritsche geworfen. Doch das war erst der Oberschenkel! Jetzt nimmt sie sich die Körperteile vor, die in ihrem Leben noch nicht einmal das Tageslicht gesehen haben. Ich weine still. Da haut sie mir aufs Bein und bedeutet mir, mich umzudrehen. Immerhin ist die Schmach so rum nicht ganz so schlimm und kalt ist mir auch nicht, nein im Gegenteil, ich schwitze. Das merkt man vor allem am Brennen.

Nach dreißig Minuten Höllenqualen werde ich von oben bis unten eingeseift. Ich liege wieder auf dem Rücken und bin voller Hoffnung, dass meine Pein nun ein Ende hat. Da reißt sie mir das Haargummi vom Kopf und fängt an, meine Haare zu waschen. Zumindest glaube ich, dass das ihr Ansinnen ist. Ein wenig scheint sie enttäuscht, dass sie es nicht geschafft hat, mir mit ihrer Nackenmassage das Genick zu brechen, deshalb wirft sie jetzt meinen Kopf von links nach rechts und dreht und wendet ihn, ja sie gibt alles und hört erst damit auf, als sie sicher sein kann, dass ich mindestens ein Schleudertrauma habe.

Noch einmal mit dem Gartenschlauch drüber und fertig.

Benommen versuche ich, mich aufzusetzen, und blicke in Kerstins weit aufgerissene Augen. Die Haare hängen wirr in ihrem Gesicht. Wir sprechen nicht.

Meine Füße tragen mich erstaunlicherweise. Die Koreanerin, die mir im Stehen nur bis zum Bauchnabel reicht, haut mir zum Abschied noch mal kräftig auf meinen nackten Hintern. Demütigung, du hast ein Gesicht!

Auf der Waage in der Umkleide stellen wir fest: Wir haben beide mehr als zweihundert Gramm abgenommen. Zu wahrer Freude sind wir zu schwach.

Völlig entkräftet schleppen wir uns in den nächsten Ramen-Shop. Mitten am Tag müssen wir dringend ein Bier trinken. Dort allerdings erwachen unsere Lebensgeister wieder und wir schaffen zum Nachtisch sogar noch ein Törtchen. Abends streicht mir dann mein Mann über den Arm, schaut mir tief in die Augen und sagt: »Also, ich finde, das war's wert. Und du siehst so schlank aus!«

Ich mag ja Komplimente und das Wort »schlank« sowieso. Aber wenn ich mich, um zweihundert Gramm abzunehmen, entweder für einmal »Korean Body Scrub« oder zweimal Magen-Darm-Grippe entscheiden müsste, nehme ich immer wieder gern die Darmgrippe!

Heute schüttet es in Tokio und das fühlt sich angemessen an. Ein Jahr ist das Erdbeben her. Wenn mir im letzten Jahr jemand gesagt hätte, dass ich so viele der Menschen nicht mehr wiedersehen würde, die so selbstverständlich zu unserem Leben und unserem Alltag gehörten, hätte ich es mir nicht vorstellen können. Und nun sind viele Freunde und Bekannte fort, verstreut über die ganze Welt. Das ist natürlich traurig, aber ich weiß ja, es geht ihnen gut. Sie sind gesund und körperlich unversehrt, sollte ich wohl besser sagen, denn der 11. März 2011 hat uns alle verändert und geprägt.

Umso unvorstellbarer ist es für mich, wie es sich anfühlen muss, sein Kind, seinen Partner oder seine Eltern bei der Katastrophe verloren zu haben. Und manchmal noch nicht mal zu wissen, ob und wie und wo derjenige gestorben ist. Viele wurden einfach nicht gefunden oder in der Sperrzone angeschwemmt, wo Angehörige nicht suchen können. Wenn ich mir vorstelle, meine Kinder wären einfach fort ... ich weiß nicht, wie man so was akzeptieren und weiterleben kann. Nein, so was kann vermutlich keiner nachfühlen. Wenn man Bilder sieht von den Menschen, die dort oben in den betroffenen Gebieten *ausharren*, weil sie nach der Hoffnung nicht auch noch die Heimat aufgeben können, wird einem deren Leid sehr bewusst. Aber wie soll an so einer Stelle auch Lebensmut entstehen?

Je politisch höher, desto sicherer sind die Regierungsmitarbeiter, dass alle Nahrungsmittel unbedenklich sind und es keinerlei Messungen gibt, die das Gegenteil belegen. Aber wie soll ein Volk, das so lange belogen wurde, was die Sicherheit und die Zustände in Fukushima angeht, so was glauben? Ich kann es nicht, auch wenn ich es gern würde. Auch mein Alltag wäre wesentlich einfacher, wenn ich plötzlich wieder bedenkenlos Gemüse, Obst und Milchprodukte kaufen könnte. Aber auch ich ertappe mich dabei, wie ich großzügiger werde und es glaube, wenn jemand sagt, der Salat sei doch sowieso aus dem Gewächshaus. Weil ich es gern glauben will.

Nicht nur ich will die guten Nachrichten gern glauben, sondern auch die Menschen, die darauf angewiesen sind: Bauern und Fischer aus dem Norden, die nichts anderes haben als ihre Arbeit. Wie sollten sie auch überleben ohne Landwirtschaft oder Fischfang? Sie können noch nicht mal ihr Hab und Gut verkaufen und weggehen. Wer würde es ihnen schon abnehmen? Geisterdörfer gibt es dort oben viele, in denen nur diejenigen übrig sind, die nicht gehen können. Es gibt auch noch Kinder dort, aber die Eltern lassen sie nicht draußen spielen. Was ist das für ein Leben? Und wie lange kann man das durchhalten? Ich darf gar nicht drüber nachdenken. Und doch lässt es mich nicht los.

Heute vor einem Jahr war noch alles in Ordnung.

So viele sind im letzten Jahr weggezogen. Natürlich merkt man es in der Ausländergemeinschaft am deutlichsten. Lilli zum Beispiel ist das einzige deutsche Mädchen in ihrer Klasse an der deutschen Schule. Und wenn ich mich mit den japanischen Müttern in Williams

Kindergarten unterhalte, erzählen sie auch von dem Wunsch, wegzugehen.

Der Alltag scheint sich normalisiert zu haben, mit den mittlerweile kleineren Erdbeben haben wir uns arrangiert. Die Erinnerung ist verblasst, aber wenn man die Bilder sieht, sind das Leid, die Fassungslosigkeit und die Traurigkeit doch wieder da. Selbst, wenn der Alltag vieles verdrängt und verdeckt, so tut er das nur, solange man beschäftigt ist. Selbst bei mir und meinem Leben gibt es Momente, in denen es ruhig und still ist. Das sind die Momente, in denen ich die Angst wieder spüre, das Gefühl, dass nie mehr *alles* gut sein kann, und dass jede Katastrophe, jedes Unglück jederzeit möglich ist.

Dabei habe ich den Tsunami noch nicht mal am eigenen Leib erfahren müssen oder einen Menschen verloren, den ich liebe. Ich habe nicht monatelang in einer Notunterkunft wohnen oder meinen Kindern radioaktives Essen geben müssen. Und trotzdem: Ich bin nicht mehr so wie davor. Ich habe mein Gottvertrauen verloren. Es ist, als ob mir im März ganz plötzlich mein Filter abhanden gekommen wäre. Plötzlich betrifft mich alles mit voller Wucht: Somalia, Libyen, ein Kind, das von Mitschülern gemobbt wird, Armut, Hunger, Tierquälerei, Iran, Umweltverschmutzung, Lieblosigkeit, Selbstsucht und Ignoranz. Manchmal kann ich kaum noch atmen, weil ich mir nicht vorstellen kann, wie sich irgendetwas irgendwann zum Guten wenden soll. Wie soll ich meinen Kindern die Geborgenheit, das Vertrauen und die freudige Neugier auf das Leben vermitteln, die ich selbst als

Kind empfunden habe und die mich mein Leben lang getragen haben?

Das Einzige, was ich tun kann, ist achtsam, respektvoll und wach mit den Menschen um mich herum umzugehen und mich zu bemühen, dass wenigstens in meinem direkten Umfeld Geborgenheit, Verantwortung und bedingungslose Liebe spürbar sind.

Dennoch, vielleicht ist es gerade unsere Pflicht, aus so einem katastrophalen Ereignis zu lernen und mit unseren Kindern gemeinsam einen Weg zu suchen, unser Vertrauen wiederzufinden. Zu wissen, wie wenig selbstverständlich das Leben ist, öffnet auch die Augen für kostbare, besondere Momente, tiefe Freundschaften, die Kraft einer Familie. Gesundheit. Vertrauen. Liebe. Wahrheit. Und Humor. Auch wenn es nicht immer einfach ist.

OSTERN IN TOHOKU

Nach Fukushima sind es noch zwanzig Kilometer. Ich fotografiere das Autobahnschild.

Wir haben vorher den Tank gefüllt und auf Umluft gestellt. Außerdem fahren wir deutlich schneller als die erlaubten achtzig Kilometer pro Stunde und hoffen, dass nicht ausgerechnet jetzt ein Stau kommt.

Draußen gehen Menschen spazieren, Bauarbeiter arbeiten an der Straße und Bauern pflügen ihre Felder. Die Sonne scheint und wir fragen uns mal wieder, ob wir vielleicht doch übervorsichtig sind. Zum Glück liegt unser Ziel sowieso noch 224 Kilometer weiter nördlich, also mindestens genauso weit von Fukushima entfernt wie Tokio. Trotzdem ist es eine Gegend, in die sich viele nicht trauen und deren Fisch, Obst und Gemüse vor allem von uns Ausländern gemieden werden. Aber genau dort wollen wir hin. Nach Iwate, eine der drei Präfekturen Japans, deren Küsten vom Tsunami zerstört wurden. Noch genauer: nach Ofunato. Ofunato ist eine kleine Stadt, in die ein paar Mitarbeiter der deutschen Schule und achtzig Mütter letztes Jahr im April Kaffee, einen Gaskocher und Kuchen brachten. Seitdem besteht eine besondere Verbindung. Kaffee und Kuchen waren natürlich nur ein Tropfen auf den heißen Stein, aber vielleicht gerade deshalb so kostbar, weil es einfach eine Verschnaufpause war; von der Katastrophe, der Trauer, dem Gestank und den Aufräumarbeiten. Die Dankbarkeit und Freude waren unbeschreiblich und so entstand aus diesem Besuch eine Idee:

Warum nicht ein Jahr lang jeden Monat zehn Kuchen dorthin schicken, um diese Pause weiterzuführen?

Jeden Monat also backen wir Mütter Kuchen. Jeden Monat werden sie dort am Bahnhof verteilt. Jeden Monat freuen sich die Menschen dort oben aufs Neue. Jeden Monat die Botschaft von uns: »Wir denken an euch.«

Auch jetzt befinden sich in unserem Kofferraum mindestens zwanzig Kuchen, Osterhasen und Schokoeier. Fukushima liegt bereits weit hinter uns, als sich die Straße langsam zur Küste hinbewegt. Vor uns eine Wüste aus Häusergrundplatten, Wrackbergen, Holz, Schutt. Alles fein säuberlich sortiert und abgedeckt. Ein Jahr Aufräumarbeiten und kein Ende in Sicht. Wahnsinn, was die Leute dort geleistet haben, aber auch unvorstellbar, was vor ihnen liegt, wenn sie alles wieder aufbauen wollen. Soll man ihnen das überhaupt wünschen?

Wir machen das Radio aus. Zu so viel Zerstörung und Leid kann man keine Popmusik ertragen. Unsere Kinder im Auto sind ganz still. Schrecklich faszinierend sind die Häuserskelette, die zerfetzten Leitplanken und die vielen Zeugnisse von der Katastrophe. Die leergefegten Gebiete sind unfassbar groß. Wo sind bloß all die Menschen hin, die hier gewohnt haben? So etwas im Fernsehen zu sehen lässt einen definitiv nicht kalt, aber hier und jetzt durch diese Ebene zu fahren, macht einem die Tragweite erst so richtig bewusst.

Wir fahren eine ganze Weile durch diese zerstörte Ebene, bis wir das blau glitzernde Meer vor uns haben. Kleine Wellen plätschern freundlich an den Strand. Man kann sich beim besten Willen nicht vorstellen, dass es das gleiche Meer sein soll, das innerhalb kürzester Zeit so viel Unheil angerichtet hat.

In Ofunato treffen wir uns mit Katrin und Christine samt Familien und einer jungen Fotografin. Zuerst bringen wir einen Großteil der Kuchen zum Bahnhof, der zu einer Art Gemeindezentrum geworden ist, seitdem der Tsunami die Schienen an vielen Stellen zerstört hat. Abgesehen von unserem Kuchen gibt es dort Second-Hand-Kleider und selbstgestrickte Tiere, genähte Täschchen und bedruckte T-Shirts zu kaufen. Man kann ganz deutlich spüren, dass wirklich jeder versucht, mit seinen persönlichen Fähigkeiten und Ideen die Menschen in Ofunato zu unterstützen. Das Schöne daran ist: Alles wird wertgeschätzt und gern angenommen. Es ist unvorstellbar, wie die Menschen strahlen, als wir mit unseren Kisten ankommen! Theoretisch könnte man sich fragen: Was bringen denn zehn Kuchen? Was sollen drei gestrickte Bären schon helfen? Genau das ist zumindest mein Gefühl. Einen Kuchen, na gut, aber im Grunde genommen hab ich gar nicht *wirklich* irgendetwas gemacht. Aber als ich mit den Kuchen dort stehe, wird mir bewusst, dass es eben nicht so ist. Alles ist wichtig. Alles zählt. Alles ist wesentlich und macht einen Unterschied. Die Wertschätzung und Freude öffnen mir die Augen und sind mein persönliches Ostergeschenk an diesem Wochenende.

Abgesehen vom Kaffee- und Kuchenausschank gibt es einen Waggon, der zu einem Restaurant für Besucher umfunktioniert wurde. Gerade als wir dort sind, kommt ein Bus mit Menschen aus Tokio an, die angeblich »mal schauen wollen, wie es jetzt dort oben ist«.

Man mag diese Art Sensationstourismus seltsam oder geschmacklos finden, aber tatsächlich ist es genau das, was die Küste dort oben braucht: Besucher, Touristen, Menschen, die sich wieder trauen, dieses wunderschöne Stück Japan zu bereisen und anderen davon zu erzählen.

Ein Grundstück soll zum Gemeinschaftsgarten gemacht werden, der von den Menschen, die nach über einem Jahr immer noch in Notunterkünften leben, genutzt werden kann. An einer anderen Stelle soll eine Art Gemeindehaus entstehen, in dem man sich treffen kann. Reden, basteln, arbeiten … Um an diesem Stück Normalität ein bisschen mitzuarbeiten, sind wir heute Morgen um fünf Uhr aufgebrochen. Zugegebenermaßen haben wir das milde Tokio-Wetter samt wunderschöner Kirschblüte ein bisschen widerwillig gegen Temperaturen um den Gefrierpunkt eingetauscht. Außer uns und Katrin und Christines Familien sind auch Edda und Alex von der Schule und Komatsu-San, ein ehemaliger Physiotherapeut aus Yokohama dabei, der letztes Jahr seinen Beruf aufgegeben hat, um zu helfen. Auf alle Fälle Leute, die Japanisch sprechen können. Aber wer braucht schon viele Worte, wenn er Kuchen dabeihat? Wir bekommen Erde, die irgendwo entfernt verkauft werden sollte, für unsere geplanten Beete. Sogar einen Sack voller Pflanzkartoffeln und Lauch obendrauf – alles für ein Lächeln und ein Stück Kuchen.

Wir alle genießen es, uns in der Natur zu bewegen und zu arbeiten – eine willkommene Abwechslung zum

Großstadtleben in Tokio. Außerdem ist es so kalt, dass man sich einfach bewegen muss. Ja, es macht wirklich Spaß, mit der Machete Bambus abzuholzen und Steine aus der Erde zu hacken. Jeder hilft, jeder findet seine Aufgabe, alle arbeiten zusammen und schaffen etwas gemeinsam. Es ist einfach ein unglaublich schönes Gefühl. Fast so schön, wie durchgefroren und mit Muskelkater in den nahegelegenen Onsen zu steigen.

Unsere Nachtquartiere sind kleine Hütten, die direkt an den Klippen, aber weit über dem Meeresspiegel liegen. Wir haben kein Bad, dafür aber riesige Panoramafenster mit einer atemberaubenden Aussicht auf das Meer. Ich ertappe mich bei dem Gedanken, wie aufregend es wäre, einer solchen Urgewalt wie einem Tsunami von hier oben aus zuzuschauen. Wie weit würde wohl die Welle reichen? Wie hört sich so eine Riesenwelle überhaupt an?

Für ein Osterfeuer sind wir zu müde, aber das Erdbeben am Morgen spüren wir alle.

Wir teilen uns auf: Edda und Alex gehen wieder in den Garten und wir anderen – sieben Erwachsene und neun Kinder – fahren in die Kirche nach Kamaishi. Die Gemeinde dort wird von der evangelischen und katholischen Kirchengemeinde in Tokio unterstützt, der auch wir angehören. In unserem Gepäck sind die restlichen Kuchen und ein paar Osterhasen.

Der Kirchenraum besteht aus dem hölzernen Balkengerüst, das der Tsunami übrig gelassen hat. Ab vier Metern Höhe scheint die Sonne durch die bunten Kirchenfenster, darunter füllen Pappe und Plastik die Lücken. Ein Fischer verkauft im Vorraum Algen zugunsten der Kirche. Wir versprechen, später mit ihm an den Hafen zu fahren, wo er uns eine von Lufthansa-Cargo gespendete Maschine zeigen will, mit der man Algen weiterverarbeiten kann. Der Raum ist gut gefüllt, aber junge Leute sehen wir nicht. Der Altersdurchschnitt ist vermutlich ungefähr sechzig. Wir bekommen ein japanisches Gesangbuch und Bibel in die Hand gedrückt und immer wieder steht einer der Kirchgänger auf, um uns die richtige Seite hinzublättern. Der Gottesdienst ist natürlich auch auf Japanisch und obwohl wir kein Wort verstehen, können wir alle die Traurigkeit und Erschöpfung hinter den Worten deutlich spüren. Wieder sind die Kinder unglaublich still, obwohl der Gottesdienst fast zwei Stunden dauert. Drei ältere Männer werden getauft. Ganz allein knien sie dort vorne. Alle drei haben alles verloren, leben immer noch in den Containern am Hang. Ich stelle mir vor, wie einsam sie sein müssen. Umso schöner ist es, mit anzusehen, wie herzlich sie nach der Taufe von allen umarmt und beglückwünscht werden.

Es wird fotografiert und gefilmt, was das Zeug hält. Unsere Befürchtung, die Kamera unserer Fotografin könnte vielleicht ein bisschen laut und deplatziert sein, ist völlig unbegründet. Ganz im Gegenteil. Die ganze Gemeinde will sich vor dem Altar zum Gruppenbild mit uns aufstellen. Jeder schüttelt jedem die Hand.

Und dann natürlich das Highlight: der Kuchen. Jeder bekommt ein Stück, am Schluss werden sogar die Krümel von den Platten gelöffelt. Im Gegenzug bekommen die

Kinder je ein hartgekochtes Ei und ihre Freude darüber ist ebenfalls groß. Überhaupt hab ich unsere Kinder selten so demütig, bescheiden und bewusst erlebt. Keine Frage nach Osterkörbchen, McDonald's oder Internet, kein Streit in diesen paar Tagen. Vielleicht lernen sie hier mehr, als ich ihnen jemals mit Worten beibringen kann.

Der Fischer fährt mit seinem Laster voraus. Vorbei an weiteren leergefegten Ebenen, provisorischen und im Wiederaufbau befindlichen Gebäuden, Tankstellen, Straßen. Dazwischen immer wieder auch kleine rote Fahnen. Die einen sagen, es seien übrig gebliebene Markierungen von bereits freigegebenen Häusern, die anderen sagen, die Markierungen seien dort aufgestellt worden, wo man eine Leiche gefunden hätte. Da ich kein einziges Haus hier sehe, glaube ich eher Letzteres und verbiete meiner Fantasie, mir Weiteres auszumalen.

Der Fischer führt uns zu dem Hafen, in dem sein Schiff liegt. Gern hätte er uns mit aufs Meer hinausgenommen. Doch ist es wohl so, dass die japanische Regierung einen Beitrag zum Wiederaufbau leistet, der zwar das Boot abdeckt, aber nicht den Motor oder die Geräte, die man zum Fischfang braucht. Wir sehen also viele Boote am Ufer liegen. Alle neu und schön, aber ohne jegliches Zubehör. Der Hafen selbst ist eine Ruine. Die große Uhr ist um 14:45 Uhr stehengeblieben. Ich versuche, mir den zeitlichen Ablauf vom 11. März 2011 vorzustellen, scheitere aber. Nachdem der Fischer mit den Männern und der Lufthansa-Cargo-Flagge ein Foto vor dem Algenofen gemacht und uns eine Schüssel mit selbst gefangenen, gekochten Krebsen gebracht hat, nimmt er uns mit zu seinem Freund und Kollegen. Dessen Haus ist fast als einziges stehen geblieben – allerdings bis auf Schulterhöhe geflutet.

Zwanzig Minuten vergingen zwischen dem Beben und dem Tsunami, sagt er uns, allerdings hatte die große Welle nur drei Minuten gebraucht, um alle Buchten zu füllen. Chancenlos, wer weiter vorne am Wasser war.

Während wir vor seinem Haus stehen und den Wiederaufbau bewundern, schweift mein Blick über die Bucht. Da, wo vor uns einfach nur Strand ist, war vorher ein ganzes Dorf. Ich versuche, mir die Häuser vorzustellen und das Leben, das hier mal stattgefunden hat, aber ich kann es nicht. Und das, obwohl jedes Haus oder vielmehr jeder Grundriss hier immer noch eine Geschichte von einem Alltag erzählt: Sushiplatten, eine kleine Dekokatze. Shampoo. Kochtöpfe. Ein Schuh.

Der Fischer schaut uns ganz verwundert an, als wir fragen, ob er hierbleiben will. Es sei sein Zuhause. Und sogar noch ganz, sagt er. Und er macht nicht den Eindruck, als ob er irgendwelche Zweifel hätte.

Auf dem Heimweg sprechen wir darüber, wie toll es wäre, wenn die DSTY für die Oberstufenklassen anstatt einer Klassenreise einen Arbeitseinsatz in Ofunato organisieren würde. Um soziales Verständnis, Klassenzusammenhalt, etwas Bleibendes, Wertvolles zu schaffen und dabei genauso viel Freude, Spaß und Wertschätzung zu erfahren, wie uns entgegengebracht wurde. Das fände ich wirklich schön.

Als wir uns alle voneinander verabschieden, fängt es an zu regnen. Kurz darauf sehen wir über den Klippen den allerschönsten Regenbogen. Ich bin dankbar und voller Hoffnung.

Früher waren doch nicht so viel Ferien, oder? Ich kann mich erinnern, wie sehnsüchtig und lange ich als Kind auf ein paar freie Tage gewartet habe und dann *höchstens* grade mal drei hintereinander hatte! Samstag war auch immer Schule und Abitur machte man nach 13 Jahren. Und jetzt, wo ich mich ja kaum von den Weihnachtsferien erholt habe, sind schon wieder zwei Wochen Frühlingsferien. Wann sollen die Schüler denn was lernen?

Ich eigne mich eben nur bedingt als Reiseführerin Schrägstrich Animateurin für drei pubertierende junge Damen, die überhaupt nur unter der Bedingung irgendwohin mitkommen, dass es da auch einen Laden gibt, in dem man was shoppen kann. Nicht, dass sie irgendwas Bestimmtes bräuchten oder Geld dafür hätten. Aber man kann sich ja das Taschengeld auch im Voraus auszahlen lassen, wenn's nicht anders geht. Paulina ist ganz gut aufgestellt, denn sie hat nebenher eine Babysitter-Einnahmequelle. Lilli gibt nur Geld aus, wenn es meins ist, bei ihrem eigenen ist sie dann plötzlich nicht mehr so begeistert. Und Maria, tja, sie hat schon das Geld von August (nächsten Jahres) ausgegeben, was natürlich gar nicht ihre Schuld ist, sondern meine, denn würde ich ihr mehr Taschengeld geben, müsste sie mich nicht ständig beleihen. Für die ganzen Süßigkeiten und die »Pericula« oder »Pelicula« oder wie die Dinger heißen, diese Passbilder aus dem Automaten, in den man sich mit so vielen Freunden wie möglich quetscht, dort verschiedene Posen einnimmt und hinterher das Bild noch mit »I love you«- und »you are my best friend«-Schriftzügen versieht. Dann bekommt man ein Fotoblatt, auf dem sich 45 Minibilder befinden, die man dann teilt und aufhebt. Ich kann da gar nichts drauf erkennen. Ich kann noch nicht mal Maria von ihrer Freundin Hannah unterscheiden oder Paulina von Vivi, weil man sich nämlich auch noch Manga-Augen und Hasenohren aufsetzen kann. Ich kapier's nicht. Und weil ich ja sowieso nie was kapiere, haben meine Kinder vom vielen Augenverdrehen schon schlimmes Kopfweh.

William ist zum Glück versorgt, denn die internationalen Schulen orientieren sich weder an den deutschen noch an den japanischen Ferien, sondern haben ganz andere freie Tage, nur damit immer einer hier zu Hause ist und ich mich nicht langweilen muss. Weil Holger arbeitet ist es diesmal ein ausschließlich mädchenorientiertes Ferienprogramm – sprich shoppen, shoppen, shoppen, bis das Handtäschchen kracht.

Mir persönlich stünde der Sinn wesentlich mehr nach Kultur mit Schreinen und Tempeln, aber damit kann ich den Mädels nicht kommen. Also muss ich ganz vorsichtig formulieren: »Kommt, Mädels, wir gehen nach Harajuku, da gibt's diese vielen kleinen Läden und ganz in der Nähe ist die Omotesando (eine *der* Prachtstraßen Tokios) und vielleicht können wir noch vorher kurz an einem Tempel in Asakusa vorbei, wenn die Zeit reicht.« Und alle gehen mit! Shoppen ist das Zauberwort.

In Asakusa gibt es vor dem Tempel zum Glück eine ganze Straße mit kleinen Buden, in denen man hemmungslos Handy-Anhänger, T-Shirts, Stäbchen und Süßigkeiten kaufen kann, und das reicht, um auch das eigentliche Ziel attraktiv erscheinen zu lassen. Sie begeistern sich sogar für das große rote Torii am Eingang und die Rikscha-Fahrer davor. Maria überlegt, wie viele Kilometer die jungen Männer wohl am Tag zurücklegen, und ob die gut im Fußball wären, weil ihre Beine echt muskulös sind. Paulina erwärmt sich auch für die Beine, allerdings aus anderen Gründen. Selbstverständlich gibt es tausend Touristen hier und ich wünschte, man könnte uns ansehen, dass wir nicht dazugehören. Aber das funktioniert natürlich nicht, auch wenn ich tausendmal auf die Frage »Where are you from?« mit »*Setagaya*« antworte. Dann entdecken wir den kleinen Garten hinter dem Tempel, mit einer kleinen Steinbrücke, Teich, Koi-Karpfen und Rhododendron-Sträuchern. Plötzlich haben die Mädels einen riesigen Spaß am Fotografieren und freuen sich an den tollen Farben und schönen Gebäuden. Und am Ende haben wir ganz aus Versehen einen echt schönen Tag, ganz ohne schnöden Mammon.

Außerdem schlafen wir aus, solange es die beiden Männer eben zulassen. Zumindest unter der Woche. Am Wochenende müssen wir früh aufstehen und einen Ausflug machen, weil mein Mann jammert und auch gern mal wieder was Schönes erleben möchte.

Bei uns ist es eigentlich immer so: Wenn ich nichts plane, passiert auch nichts. Und wenn ich etwas plane, dann vor allem den Weg dorthin. Mit weiteren Details beschäftige ich mich nicht so sehr. Ein Fehler, ich weiß, aber dafür bin ich ein echt großartiger Hinterher-Reise-führer-Leser. Ich finde mein Vorgehen mitunter gar nicht mal so schlecht, denn so kann ich mich ganz auf das konzentrieren, was ich sehe und hab nicht immer das Gefühl, eine Anschau-Liste abarbeiten zu müssen. Zumindest ist das meine Ausrede.

Aber ich bin sehr froh, dass Holger dieses Mal aus totaler Eigeninitiative die Reiseführer-Rolle übernimmt. Dieses eine Mal, diesen Ausflug lang, lasse ich mich treiben. Ich bin nicht verantwortlich. Für nichts.

Mein Mann ist im Gegensatz zu mir überzeugter Perfektionist. Was auch immer er macht, macht er gründlich. Da dauert so eine Planung gern mehrere Wochen und wir haben einen passenden Reiseführer mit Lesezeichen dabei, plus einen Stapel ausgedruckter Landkarten und alle wichtigen Informationen zur Bevölkerungsdichte, der kompletten Geschichte und der Anzahl der Regentage pro Jahr. Holger hat sich den Tokio Wan Kannon auf Chiba rausgesucht. Wir fahren schon seit mindestens sieben Minuten, also höchste Zeit, uns auf das bevorstehende Ereignis vorzubereiten: »*Kinder*, hört mir doch mal zu! Und macht eure iPods aus! So. Also, der Tokio Wan Kannon wurde 1961 von Masae Usami als Erinnerung an den Zweiten Weltkrieg (Paulina, wann war der Zweite Weltkrieg? Das muss man wissen, Paulina!) und für den Weltfrieden gebaut. Er ist 56 Meter hoch, hat einen Balkon und eine Wendeltreppe mit sage und schreibe 324 Stufen, auf der man ganz nach oben steigen kann in den Kopf Buddhas, zur Erleuchtung sozusagen. Maria, was gibt

324 Stufen geteilt durch 18 Stockwerke? MARIA! MACH
JETZT DEN IPOD AUS!« Wir lieben ihn.

Am Fuße des Buddhas sind wir doch sehr beeindruckt.
Wahrlich riesig ist er! Aber ist das nicht so Titanic-mäßig
überheblich, einen Buddha innen hochklettern zu wollen?
Muss man das machen? Ungefähr im 14. Stock kann
man übrigens außen entlang über die zusammengelegten
Hände der Statue laufen. Ich simuliere einen Schwä-
cheanfall, über den meine Familie nur lachen kann, und
schiebe mich schließlich auf der Wendeltreppe mit dem
Rücken an der Wand entlang aufwärts, Hände schweiß-
nass, Herz rasend. Meine Kinder kreischen und finden
alles toll, vor allem die Akustik und den Ausblick aus dem
11., 14. und 18. Stock. Ich möchte, dass sie leise sind, denn
man hat ja auch schon gehört, dass Schallwellen Dinge
zum Einstürzen bringen. Ich möchte auch nicht so gern
aus den Fenstern schauen. Aber man muss, sagt Holger,
und Feigling, sagen die Kinder. Ich sag nichts. Ich muss
mich konzentrieren, sonst fällt das Ding vielleicht noch
um. Zum Glück hat man für Menschen wie mich nette
Plakate aufgehängt, damit die Innen-an-der-Wand-
entlang-Schieber auch wissen, wo sie gerade sind. Im
Moment bin ich am rechten Auge. Flach atmen und an
was Schönes denken!
   Oben im Kopf angekommen kann man sich in ein Buch
eintragen und kriegt vielleicht von der buddhaschen
Erleuchtung was ab. Oder einen stressbedingten Herzin-
farkt. In Holgers Reiseführer wurde vor allem die Aussicht

von hier oben auf den Fuji und die Tokio Bay gepriesen. Also, die Bay können wir sehen, aber der Fuji, na ja. Wir wissen ja, dass er da ist. Außer uns ist auch fast keiner da, was kein Wunder ist, denn wer geht schon freiwillig bei gefühlten minus drei Grad an einen Ort, an dem es extrem windig ist? Holger hat mittlerweile ebenfalls die grandiose Akustik im Buddha-Treppenhaus für sich entdeckt. Inspiriert von den spirituellen Skulpturen und dem erhabenen Gefühl in Buddhas Kopf beginnt mein Mann zu singen. Ich gebe meine An-der-Wand-entlang-Taktik auf und laufe so schnell wie möglich die Treppe runter. Nur nicht mit diesem Geheul in Verbindung gebracht werden! Die wenigen Japaner, die mir bisher zielstrebig und energiegeladen entgegenkamen, erstarren plötzlich. Stumm und mit bleichen Gesichtern lauschen sie einer Mischung aus gregorianischem Gesang und Wehklagen. Ich glaube, sie haben Angst. Die Ausgucklöcher auf der buddhaschen Kehrseite sorgen dafür, dass auch das unfreiwillige Publikum außerhalb beschallt wird. Zum Glück verstehen sie den Text nicht. Ich aber schon. Mein Mann singt: »Luhuhuciieeee, wahahas gihihibt es heute zum Ahabendessseen, ich bin füüüür Spaghettiiiiii in haallleelllujjaaaaa!« Ich schäme mich so. Und lachen muss ich auch.

Zu Hause kann ich wieder nur an eines denken: Wir gehen nach Deutschland zurück. Viel zu bald. Um genau zu sein, in vier Wochen kommen die Packer. Ich will gar nicht dran denken, dafür will ich noch so viel sehen, erleben und *essen!*

SAYONARA

Die Packer kommen auf leisen Sohlen. Ich bemühe mich, nicht hysterisch zu werden und gleichzeitig zu verhindern, dass sie Dinge wie Klobürsten oder Mülleimerinhalte einpacken. Ich weiß, die haben so einen Umzug vermutlich schon mal gemacht, aber ich eben auch. Außerdem lenkt es von dem seltsamen Gefühl ab, dass mit unseren Möbeln unser ganzes Leben hier verschwindet. Bei jedem Sofakissen möchte ich rufen: »Haltet ein! Ich bin noch nicht bereit!« Andererseits finde ich es aufregend. Ich liebe Neuanfänge, aber Abschiede kann ich nicht leiden. Schwierige Kombination. Die Jungs sind echt schnell, obwohl sie jedes Mal, wenn sie das Haus betreten, die Schuhe ausziehen. Zur offiziellen japanischen Möbelpacker-Ausstattung gehören nicht wie in Deutschland Arbeitsschuhe mit Stahlkappen, sondern blütenweiße Sportsocken.

Drei Tage dauert es, bis unser Leben im Container verschwunden ist, natürlich mit geringfügigen Missverständnissen. Zum Beispiel sind plötzlich alle sechs Esszimmerstühle weg. Es mag ja das grundsätzliche Ziel eines Umzuges sein, dass nach und nach Möbel verschwinden, jedoch handelt es sich in diesem Fall leider nicht um unsere Esszimmerstuhlgarnitur, denn die hatten wir schon vor einiger Zeit verkauft. Für die verbleibenden drei Wochen hatte uns Katrin freundlicherweise ihre Stühle geliehen, da sie sowieso schon samt Familie in den Sommerferien in Deutschland ist. Nur kommt sie im Gegensatz zu uns irgendwann zurück und würde das Fehlen ihrer Stühle möglicherweise als störend empfinden.

Die Packer finden das zwar doof, versprechen aber trotzdem, nach den Stühlen zu forschen und sie, sollten sie gefunden werden, aus den Boxen zu retten, die *sicher* ganz hinten im Container am Hafen in Yokohama verstaut sind, und in den nächsten Wochen bei Katrin vor die Tür zu stellen. Nein, ein Trinkgeld wollen sie nicht unbedingt, nur wenn es gar nicht anders geht.

Zum allgemeinen Missfallen kann ich dafür die Schulsachen der Kinder vor dem Eifer der Möbelpacker retten, ich schreckliche, spaßfreie Mutter, ich. Aber schließlich können wir nicht wie geplant gleich in unser Haus in Böblingen einziehen, weil dort Bauarbeiten stattfinden, sondern müssen wieder in unserer Ferienwohnung in Sillenbuch zwischenwohnen. Holger denkt, für maximal acht Wochen, ich denke, es werden sechs bis acht Monate. Ich habe Bilder von der Baustelle gesehen.

Als es so langsam in unserem Haus hallt, weil nichts mehr drin ist und es sich schon nicht mehr richtig wie unser Haus anfühlt, wollen wir schnell und unsentimental Abschied nehmen. Ein guter, wenn auch nicht durchführbarer Plan. Zufällig fällt der endgültige Auszug nämlich auch noch auf Williams Kindergartenabschied. Und wenn sechzehn Kinder *You're my best friend* von Queen singen, bleibt sowieso kein Auge trocken. Also, ich bin für so was nicht gemacht. Ich heule schon beim Daran-Denken.

Nie wieder mit dem Rad zum Kindergarten durch den Olympischen Park, nie wieder Kaffee mit Katrin unter dem Kirschbaum vor unserem Haus, nie wieder Abenteuerausflug mit Kerstin, nie wieder … nie wieder … Ja, die »Nie-wiedurs« sind das Allerschlimmste. Sie begleiten uns auf unserer Fahrt von Tokio nach Yokohama in unser Hotel. Nie wieder ein Croissant von Yasuno-San, nie wieder über den Tama River fahren, nie wieder den Arm auskugeln bei dem Versuch, auf der Beifahrerseite das Käfer-Fenster runterzukurbeln und die Maut zu bezahlen, während die Kinder auf der Rückbank *Dein Haar weht im Wind* von Udo Jürgens grölen, nie wieder …

Wir haben noch eine Woche in Yokohama, um noch ein paar Erledigungen zu machen und um Riesenrad am Pier zu fahren. Selbstverständlich haben wir dies mittendrin bereut, weil: »Wenn jetzt ein Erdbeben kommt und guck mal, Mama! Unter dir ist *gar nichts*! Nur Luft und ganz unten Beton!«

Wir essen noch ein letztes Mal Sushi, Ramen und Gyosa, gehen Karaoke singen, shoppen bei Uniqlo, fahren U-Bahn nach Shibuya. Besuchen den Zoo, den Landmark-Tower, gehen noch ein allerletztes Mal zur Schule, zu Starbucks, Leute gucken. Wir machen so viele Fotos wie noch nie. Jeder trifft noch das letzte Mal seine japanischen Freunde aus der Schule, die so zu unserem Alltag gehören, dass wir uns überhaupt nicht vorstellen können, sie nicht mehr immer um uns zu haben. Noch ein »Nie-wieder«. Und noch eins. Und noch ein letztes.

Wir sind hin- und hergerissen zwischen dem Wunsch, dass es endlich losgeht, und dem Bedürfnis, alles rückgängig zu machen und zu bleiben. Immer wieder überfällt einen von uns der große Kummer und dann hilft nur ein Eis von Coldstone oder ein Gin Tonic am Meer. Oder beides.

Und dann stehen wir das letzte Mal mit unseren Koffern in Narita am Flughafen. Ein letztes Bild, eine letzte Verbeugung. Japan ist in den letzten Jahren so sehr Teil von uns geworden. Die Entfernung Japan-Deutschland lässt sich in 16 Stunden überwinden und man konnte für ein Familienfest oder einen Geschäftsbesuch auch mal für eine Woche »nach Hause« fliegen. Aber andersrum? Unser japanisches Zuhause gibt es nicht mehr. Auch wenn bei Freunden immer Platz für uns oder unsere Kinder sein wird, macht man das? Fliegt man mal eben kurz nach Japan? Oder ist dies ein Abschied für immer? Ich bin nicht die Einzige, die diese Gedanken hegt, stelle ich fest, als ich meine Kinder beobachte, wie sie ihre Stirn ans Flugzeugfenster drücken und Tränen aus ihren Augenwinkeln kullern.

In Deutschland sind noch keine Ferien und Maria geht gleich am Montag nach der Ankunft in ihre alte Schule. Dort gehört sie immer noch so sehr dazu, dass sie Glück hat, die anstehende Mathearbeit nicht mitschreiben zu müssen. Für sie scheint es nicht schwierig zu sein, ihren alten Platz wieder einzunehmen. Paulina siedelt noch am selben Abend zu meiner Freundin Tita um und Lilli freut sich, ihre Kindergartenfreundin Paula wiederzuhaben, während sie gleichzeitig Sophie in Japan vermisst. William will viel wissen, so zum Beispiel, wann wir endlich wieder nach Hause nach Japan gehen und »warum der alte Mann da so große Brüste hat«. Er muss sich schnell daran gewöhnen, dass die Leute hier Deutsch verstehen. Der alte Mann ist übrigens unsere sechzigjährige Nachbarin. Zugegebenermaßen hat sie kurze Haare, aber sie ist definitiv nicht taub.

Die Mädchen sind immer unterwegs, Holger noch in Japan und William in einem Sommercamp. Ich könnte, sollte und müsste all die Dinge tun, zu denen man nie kommt, weil immer so viel los ist. Gleichzeitig sehne ich mich danach, mal hemmungslos gar nichts zu tun. Könnte ich ja jetzt, aber dann hätte ich wieder so ein unglaublich schlechtes Gewissen! Ganz großartig. Mit mir kann man arbeiten. Apropos arbeiten: Kaum ist man mal drei Jahre weg, haben alle einen Job, einen Platz oder wenigstens einen Plan. Und ich? Ich kann noch nicht mal ein komplett eingerichtetes *Haus* vorweisen. Wer bin ich denn jetzt nach all den Jahren? In die Lücke, die ich bei unserem Weggang hinterlassen habe, passe ich nicht mehr hinein. Ich habe mich in den drei Jahren verändert. Meine früheren Freunde haben sich verändert. Die meisten arbeiten wieder, die Kinder sind größer geworden und ich habe den Anschluss verpasst. Ich kann nicht mehr mitreden. Von Japan mag ich nicht mehr erzählen, denn ich habe schon bemerkt, dass man mir mit Vorurteilen begegnet à la: Sie hält sich jetzt wohl für was Besseres, nur weil sie im Ausland war. Ich fühle mich oft unendlich einsam und so überflüssig.

Ich bin ein freundlicher Mensch, deshalb reibe ich meinem Mann nicht unter die Nase, dass ich Recht hatte, was das Haus betraf: Wir haben immer noch keinen Esstisch, geschweige denn Heizung oder sonst irgendwas, das es zu mehr als einem Rohbau machen würde. Ich hoffe, dass ich nicht für den Rest meines Lebens zwischen allen Stühlen und noch dazu auf fünfzig Quadratmetern leben muss. Ich ziehe seit fünf Monaten um und daran wird sich nie, nie, nie was ändern, ich weiß es genau.

Dann kommt er doch: Der Tag, an dem wir zum ersten Mal im neuen Haus schlafen. Ein komisches Gefühl ist das. So viel Platz. Ich fühle mich fremd hier. Wie gut, dass man vor lauter Umzugskisten kaum gehen kann. Haben die vielleicht aus Versehen zwei Haushalte bei uns abgeliefert? Beim Auspacken muss ich feststellen, dass leider doch alles uns gehört. Manche Kisten mache ich auf und gleich wieder zu. Bisher ist alles heil gewesen, was uns wundert, denn wir haben das Schlimmste befürchtet. Nach fünf Monaten auf See kann einem ja schon die eine oder andere Überraschung begegnen. Unterstützt wird so was natürlich ungemein durch das illegale Einpacken von Lebensmitteln, die wahrscheinlich deshalb Lebensmittel heißen, weil sie irgendwann tatsächlich anfangen zu leben. So ein Karton ist zum Glück allein olfaktorisch schnell identifiziert und kann nach Bedarf ohne genauere Inspektion großzügig entsorgt werden.

Die gefühlten dreitausend leeren Umzugskartons staple ich dann vor dem Haus zu einem gefährlichen Berg und lasse ihn erst abholen, als Holger aus Japan zum Weihnachtsurlaub kommt. Damit er sieht, was er verpasst und deshalb ein ordentlich schlechtes Gewissen hat. Hat er.

Besonders bei den Kleiderkisten trifft mich ab und zu so ein typischer Tokio-Geruch. Dann will ich die Luft anhalten, meine Augen zukneifen und mitten in unserem Haus in Japan in meinem gut sortierten, eher unkomplizierten und meistens vorhersehbaren Leben sein. Das passiert mir auch gern mal im Stau (sehr intensive Japan-Erinnerung) oder beim Einkaufen, wenn ich mal wieder das Einkaufskörbchen aufs Band stelle und gedankenverloren vor mich hinschaue, bis ich merke, dass was nicht stimmt. In Japan gibt es mindestens zwei Menschen an der Kasse: einen Kassierer und einen, der einem die Einkäufe so einpackt, dass es optimal passt.

Hier lässt die Verkäuferin das Körbchen auf dem Band bis zum Anschlag vorfahren und verschränkt mit halb zusammengekniffenen Augen ihre Arme über dem Busen, wartet, bis ein empörtes Gemurmel seitens der anderen Einkäufer mich aus meiner Was-soll-ich-nur-kochen-Trance weckt und ich hektisch anfange, alle Einkäufe aufs Band zu legen. Aber ja, ich gewöhne mich daran. Auch daran, mich nur minimal zu verbeugen, wenn mal jemand aus Versehen ein bisschen zuvorkommend ist.

Ich suche verzweifelt mein Handy, weil wir noch keinen Festnetzanschluss haben, und freue mich nur halb, als ich es in der Waschmaschine nach einem Sechzig-Grad-Waschgang wiederfinde. Doch es funktioniert noch, auch wenn die Glassplitter vom zerbrochenen Display ein wenig am Ohr piksen und meine Gesprächspartner behaupten, ich würde mich anhören als wäre ich unter

Wasser. Zum Ausgleich funktioniert die Haustürklingel nicht, und zwar seitdem der Elektriker bezahlt wurde. Die Duschen haben keine Wände und das Wasser kommt nur in einem einzelnen Strahl aus dem Anschluss aus der Decke. Aber das macht nichts, denn dafür ist das Wasser kalt. Ich bin nicht gestresst. Ich bin nicht gestresst. Ich bin nicht gestresst. Ich würde nur so gern endlich mal irgendwo ankommen!

Lilli auch. Sie freut sich zwar über den Umzug, kommt aber mit dem veränderten Schulweg und mit dem Bahnfahren nicht ganz klar. Fast täglich fährt sie entweder in die falsche Richtung, vergisst ihr Schulzeug am Gleis oder steigt irgendwo aus, wo es so dunkel und einsam ist, dass es weder Stationsschild noch Menschen gibt, die ihr sagen können, wo sie sich befindet. Ich bin einigermaßen entspannt, schließlich ist sie ja auch in Tokio schon mal verschwunden. Da allerdings kennt sie sich besser aus und es ist einfach sicherer. Ach, Tokio! Ich vermiss dich so! Nicht immer, aber in solchen Momenten definitiv. Wenn ich die Augen schließe, höre, rieche und fühle ich unser Haus. Ich habe das Gefühl, ich könnte in den Flieger steigen und dort sein und alles wäre so wie immer. Es ist so unglaublich viel passiert in diesen drei Jahren: Höhen und Tiefen, allgemeine und spezielle Verwirrungen, Kommunikations-, Organisations- und Gewichtsprobleme. Ich bin vierzig geworden, William ist in den Kindergarten gekommen. Wir haben tolle Abenteuer erlebt und unglaubliche Dinge gegessen, erholsame Urlaube und aufregende Ausflüge unternommen. Wir haben versucht, in die japanische Kultur einzutauchen (was uns mal besser, mal schlechter gelungen ist), viel fotografiert, gelacht (meistens über uns selbst) und sind uns sehr oft ziemlich unbeholfen und dumm vorgekommen. Immer wenn ich dachte, ich hätte jetzt alles erlebt, passierte etwas besonders Aufregendes. Das Erdbeben hat uns verändert. Unsere Wahrnehmung verschoben. Wir machen uns schneller Sorgen um andere und gehen nicht grundsätzlich davon aus, dass alles gut ausgeht. Dafür genießen wir aber Freundschaften und schöne Momente umso intensiver.

In den letzten Wochen in Japan habe ich mich immer seltener verlaufen, habe in immer weniger unbekannte Dinge gebissen, habe langsam, sehr langsam ein bisschen Japanisch und auch japanisch Kochen gelernt, wurde nicht mehr von der Polizei angehalten (Holger aber schon!) und was das Wichtigste ist: Meine Kinder haben Freunde gefunden und sich zu Hause gefühlt. Ich kann mir ein Leben ohne Sushi um die Ecke, Oolong-Tee, Reiskocher und freundliche Dienstleister kaum noch vorstellen. Und ich habe Menschen kennengelernt, die ich mir aus meinem Leben nicht mehr wegdenken will!

Zum Glück werden aber langsam, ganz langsam die Momente, in denen ich mich in Deutschland völlig fremd fühle, weniger. Wir haben Festnetz und nur noch wenige Kisten übrig. William hat einen Freund gefunden und fragt mich nicht mehr jeden Abend, wann er endlich wieder zurück darf. Paulina, Maria und Lilli haben eigene Zimmer und können auch mal wieder Freunde einladen. Wir können endlich eine Katze haben.

Ich habe mir vorgenommen, alles, was ich mache, mit Freude zu tun und mich nicht unter Druck zu setzen. Ich werde meinen Platz schon noch finden und wenn nicht heute, dann vielleicht morgen. Bis dahin bin ich einfach dankbar dafür, dieses Abenteuer erlebt zu haben. Und wer weiß, vielleicht kehren wir ja doch eines Tages nach Japan zurück. Bis dahin: Sayonara Nippon! Domo arigatō!

ARIGATŌ!!

Zuallererst möchte ich mich bei meinem Mann bedanken, denn ohne ihn hätte dieses Japan-Abenteuer niemals stattgefunden. Auch für seine Akzeptanz, dass ich all unsere Missgeschicke öffentlich gemacht habe, ohne dass er sich Sorgen gemacht hat, ob bei der Arbeit jemand hinter seinem Rücken über ihn lacht. Das Gleiche gilt für meine Kinder Paulina, Maria, Lilli und William. Ihr seid meine Inspiration, mein Leben, ja, auch meine allergrößte Herausforderung und ich liebe euch von Herzen! Haltet mir diese Danksagung unter die Nase, sollte ich mich jemals wieder darüber beschweren, wie anstrengend es ist, eine Familie zu haben.

Ich danke meinen Freunden in Japan: Katrin, Kerstin, Sabine, Christine, Nienke, Nicole, Steffi, Riko, Ryoko, Naoko und ihren Familien, die mit uns dort vieles erlebt haben und uns das Gefühl gaben, auch in der Ferne zu Hause zu sein.

Mr. Alex und Mr. Martin, Williams Lehrer, die mich morgens immer schon zum Lachen brachten. Ihr seid toll.

Ich danke meinen Eltern dafür, dass sie mich zu einem Menschen gemacht haben, der sich überall wohlfühlt und neugierig jede Herausforderung annimmt. Von euch habe ich auch gelernt, dass man selbst dem größten Scheitern immer mit Humor begegnen kann und sollte. Außerdem habt ihr uns ziehen lassen, ohne uns ein schlechtes Gewissen zu machen – ganz im Gegenteil, ihr habt uns noch ermuntert, länger zu bleiben. Moment, sollte ich das falsch interpretiert haben?

Danke, Itagaki-San, für deine unermüdliche Hilfe.

Meine Freunde in Deutschland haben mit ihrer Neugier dafür gesorgt, dass ich überhaupt mit dem Bloggen angefangen habe.

Nach dem Erdbeben haben sie uns unterstützt, aufgefangen und uns dann wieder ziehen lassen. Danke Almi, Dagmar, Katharina, Tita und Franco.

Uschi und Rolf – eure liebevolle Unterstützung bedeutet uns unendlich viel.

Und ich danke Katharina Burger, die schon früh an ein Buch geglaubt, und Michaela Rudolph, die mir dazu den letzten Impuls gegeben hat.

Danke auch an meine Agentin Anja Koeseling von der Agentur Scriptzz – du bist die Beste! Ich freue mich, dich an meiner Seite zu haben.

Ganz besonderen Dank auch an Jennifer Kroll von Eden Books und ihre Mitarbeiterinnen, vor allem Nina Schumacher, Rosanna Motz und Julia Scharwatz, sowie meiner Lektorin Lilith Pasztor. Ich bin so stolz, dass ihr von Anfang an an dieses Projekt geglaubt und es so toll umgesetzt habt!

Vor allem aber gilt mein Dank Japan: Du bist mir ein guter Lehrmeister gewesen, deine Geduld und Gelassenheit im Umgang mit uns Ausländern war und ist großartig. Deine Anmut, deine Schönheit und Würde beeindrucken mich tief und dein Essen ist fantastisch! Ein Teil meines Herzens gehört dir für immer.

Weitere Titel von Eden Books

Mit 38 Jahren trifft Timm Kruse bei einem Festival auf einen indischen
Guru und lauscht gebannt seinen Worten. Die Begegnung verändert
etwas in ihm – von heute auf morgen lässt er seine Familie und sein altes
Leben hinter sich und begibt sich auf die Suche nach Erleuchtung.

Ehe er sich versieht, lebt er im Ashram des Gurus in Indien, geht als sein
Chauffeur mit ihm auf Weltreise durch Kanada, die USA und Europa.
Doch je länger er mit dem Guru unterwegs ist, desto mehr beginnt das
Bild des Erleuchteten zu bröckeln. Ist er am Ende etwa auch nur ein ganz
normaler Mensch?

Authentisch und mit viel Witz erzählt Timm Kruse von seiner
spirituellen Reise und gibt einen faszinierenden Einblick in das Leben
eines waschechten Gurus.

Timm Kruse
ROADTRIP MIT GURU
Wie ich auf der Suche nach Erleuchtung zum Chauffeur eines Gurus wurde

336 Seiten | Klappenbroschur im Paperbackformat | 12,5 x 19 cm
12,95 € (D) / 13,40 € (A)
Auch als E-Book erhältlich
ISBN: 978-3-944296-43-2

Weitere Titel von Eden Books

Als die lebenslustige Christiane nach Australien und Indonesien reist, hat sie nur ein Ziel vor Augen: Nichts wie weg, um endlich den Liebeskummer zu überwinden, der sie hartnäckig plagt. Auf einer kleinen Insel Sumatras beginnt sie einen romantischen Urlaubsflirt – mit weitreichenden Konsequenzen.

Christiane verliebt sich Hals über Kopf in den jungen Fischer David und trifft schließlich eine mutige Entscheidung: Sie gibt ihren sicheren Job auf, lässt Eltern und Freunde zurück, um sich in Indonesien zusammen mit David ein neues Leben aufzubauen. In einem abenteuerlichen Selbstversuch wagt Christiane den Sprung ins Paradies und macht sich dort auf die Suche nach dem Glück, der großen Liebe und vor allem nach sich selbst.

Christiane Hagn
MACHT'S GUT, IHR TROTTEL!
Ich zieh dann mal ins Paradies

320 Seiten | Taschenbuch | 12,5 x 19 cm
9,95 € (D) / 10,30 € (A)
Auch als E-Book erhältlich
ISBN: 978-3-944296-22-7

Weitere Titel von Eden Books

Das Reisen ist Nina Sedanos große Leidenschaft. Ihr Leben in Frankfurt kann sie auf die Dauer nicht erfüllen und sie fasst einen mutigen Entschluss: Sie wird Geld ansparen, ihren Job aufgeben und alle 193 UN-Staaten bereisen. Voller Elan und Lebensfreude macht sie sich auf in die Ferne. Unterwegs erlebt sie Aufregendes, taucht in fremde Kulturen ein, knüpft Freundschaften, stößt manchmal an ihre Grenzen und lernt viel über das Leben, die Welt und sich selbst. Dabei verliert Nina Sedano niemals ihren Humor und vor allem nicht ihr Ziel aus den Augen. Heute sind elf Reisepässe vollgestempelt und die Ländersammlerin kann von sich behaupten, die meistgereiste Frau Deutschlands zu sein.

Nina Sedano
DIE LÄNDERSAMMLERIN
Wie ich in der Ferne mein Zuhause fand. Die meistgereiste Frau
Deutschlands erzählt.

320 Seiten | Klappenbroschur | 13,5 x 21 cm
14,95 € (D) / 15,40 € (A)
Auch als E-Book erhältlich
ISBN: 978-3-944296-20-3

Weitere Titel von Eden Books

Dara-Lynn Weiss' Tochter Bea ist sieben, als die Kinderärztin die Diagnose Adipositas stellt. Für die Mutter zweier Kinder ist klar, dass sie handeln muss – dabei hadert sie selbst mit ihrem Körper.

In ihrem heiß diskutierten Buch schildert die Autorin schonungslos offen den beschwerlichen Weg zu Beas Normalgewicht und enthüllt dabei die Scheinheiligkeit, mit der das Thema Ernährung in der Öffentlichkeit diskutiert wird.

Wonneproppen ist ein mutiges Buch, das einen frischen Blick auf ein brisantes Thema wirft: Übergewicht bei Kindern. Vor allem aber ist es die berührende Geschichte einer Mutter, die aus Liebe zu ihrem Kind eine schwierige Entscheidung trifft und sich damit unbeliebt macht.

Dara-Lynn Weiss
WONNEPROPPEN
Diät mit sieben? Wie ich um die Gesundheit meiner Tochter kämpfe

240 Seiten | Hardcover | 13,5 x 21 cm
19,95 € (D) / 20,60 € (A)
Auch als E-Book erhältlich
ISBN: 978-3-944296-10-4

HINTERGRÜNDE

GEWINNSPIELE

VERANSTALTUNGEN

AKTIONEN

DISKUSSIONEN

NEUIGKEITEN

Alle aktuellen
Infos zu
unseren
Titeln

ww.facebook.com / EdenBooksBerlin

www.edenbooks.de
hallo@edenbooks.de

Impressum

Lucinde Hutzenlaub
Hallo Japan. Familie Hutzenlaub wandert aus.
ISBN 978-3-944296-54-8

Eden Books
Ein Verlag der Edel Germany GmbH

Copyright © 2014 Edel Germany GmbH,
Neumühlen 17, 22763 Hamburg
www.edenbooks.de | www.facebook.com/EdenBooksBerlin |
www.edel.com
1. Auflage 2014

Dieses Werk wurde vermittelt durch die Literaturagentur Scriptzz,
Berlin | www.scriptzz.de

Einige der Personen im Text sind aus Gründen des
Persönlichkeitsschutzes anonymisiert.

Projektkoordination: Nina Schumacher und Rosanna Motz
Lektorat: Lilith Pasztor
Umschlagfoto: © Privat
Umschlaggestaltung: Rosanna Motz
Layout und Satz: Datagrafix Inc., Manila | www.datagrafix.com
Druck und Bindung: optimal media GmbH, Glienholzweg 7,
17207 Röbel/Müritz

Alle Rechte vorbehalten. All rights reserved. Das Werk darf – auch
teilweise – nur mit Genehmigung des Verlages wiedergegeben
werden.

Printed in Germany

Dieses Buch ist auch als E-Book erhältlich.